AF269786

Immanuel Kant

FILOSOFÍA ILUSTRADA

TÍTULOS PUBLICADOS EN ESTA COLECCIÓN:

KARL MARX · Ansgar Lorenz y Reiner Ruffing
IMMANUEL KANT · Heiner F. Klemme y Ansgar Lorenz

Heiner F. Klemme
(textos)

Ansgar Lorenz
(ilustraciones)

IMMANUEL KANT

Traducción de:
Almudena Otero Villena

la otra h

Título original: Immanuel Kant. Philosophie für
Einsteiger
Traducción: Almudena Otero Villena
Diseño de la cubierta: la otra h

© 2017, Wilhelm Fink Verlag, Paderborn
© 2019, la otra h, Barcelona

ISBN: 978-84-16763-40-5

Imprenta: Sagrafic
Depósito legal: B - 978-2019
Impreso en España - Printed in Spain

la otra h
www.laotrah.com

Desapareced:
fanatismo,
superstición y
prejuicios.

Kant y Königsberg

Immanuel Kant nació el 22 de abril de 1724 en Königsberg (Prusia Oriental), donde también murió el 12 de febrero de 1804. Kant tuvo ocho hermanos y creció en una familia modesta y marcada por una fuerte religiosidad. Su padre era artesano. A su querida madre la entierran en 1737. Königsberg es hoy conocida como Kaliningrado y pertenece a la Federación rusa. El monumento funerario, remodelado para el aniversario de 1924, se encuentra en un lado de la catedral en la que un día después de su nacimiento también se le bautizó con el nombre de Emanuel. En la actualidad aloja un pequeño museo de Kant. El día de su cumpleaños se recuerda al gran filósofo con discursos y la colocación de una corona de flores, mientras, al mismo tiempo, las banderas rojas en honor de Lenin ondean en la plaza de la estación. La naturaleza quiso que ambos hombres vieran por primera vez la luz del mundo el mismo día del año.

Kant de viaje

Que Kant nunca abandonara su ciudad natal, como se ha difundido con frecuencia, es un cuento. De 1748 a 1754 trabaja como preceptor privado en diferentes familias de Prusia oriental. Así, vive algún tiempo en Judtschen, que más tarde sería Kanthausen y hoy es Wessjolowka. Para ampliar su conocimiento del ser humano y del mundo, Kant considera, sin embargo, que vivir en Königsberg, a orillas del Pregel, es más que suficiente. Después de todo, la ciudad es «el centro de un imperio», bendecida con una situación propicia para el comercio marítimo y alberga los «colegios nacionales [Landescollegia] del Gobierno» y «una universidad (para la cultura de las ciencias)». ¿Qué más se podría pedir?

El escolar

El talento de Kant se reconoce pronto y es incentivado desde muchos ámbitos. Asiste al Collegium Fridericianum de Halle, la escuela más importante en muchos kilómetros a la redonda, donde ejercen su influencia representantes del pietismo luterano. En el centro de la enseñanza se encuentran las lenguas antiguas, especialmente el latín, así como la difusión del catecismo luterano. Años más tarde no tendrá ni una buena palabra para la pedagogía de su juventud. Especialmente sombría encontrará la confesión religiosa que se exige de forma oral y por escrito. Cuando en 1774 Johann Bernhard Basedow funda en Dessau el Philanthropinum, Kant toma su pluma y anima a sus compatriotas a confiar a Basedow el cuidado de sus hijos. Los niños no deben pensar mucho en sí mismos, deben ser capacitados para orientarse a sí mismos en el mundo de un modo activo.

Estudiante de Filosofía

En el otoño de 1740, Kant comienza sus estudios en la universidad de Königsberg, la Albertina. Era habitual, al matricularse, declarar a cuál de las tres facultades superiores (Teología, Jurisprudencia, Medicina) se cambiaría el estudiante después de pasar por la facultad inferior (la de Filosofía). Qué facultad declara Kant, no lo sabemos, pero hay indicios de que desde el principio solo tiene en mente la de Filosofía. En ella quiere hacerse un nombre. No es de extrañar que años más tarde rechace la oferta de una cátedra de Poesía y prefiera seguir trabajando como profesor no numerario y ayudante de bibliotecario en la biblioteca real, hasta poder conseguir que le ofrezcan la cátedra de sus sueños.

De estudiante a preceptor privado

El padre de Kant muere en 1746, y el joven deja la universidad para prestar sus servicios como preceptor privado. No podemos imaginarnos a Kant en esa época como una persona feliz. Pero se aferra a la filosofía. Su primer libro se publica con el título de *Meditaciones sobre la verdadera estimación de las fuerzas vivas.* Kant tiene 25 años. Extremadamente seguro de sí mismo, se toma la libertad de contradecir, en nombre de la verdad, a lumbreras internacionalmente reconocidas, como René Descartes, Isaac Newton y Gottfried Wilhelm Leibniz. Kant tiene grandes planes para sí mismo. «Tomaré mi camino y nada me impedirá continuarlo».

Graduado y catedrático de Lógica y Metafísica

Pronto se graduará y se convertirá en profesor no numerario. Kant disfruta de la vida, juega al billar, le encanta socializar. Cuando, en 1757, las tropas rusas ocupan la ciudad durante un par de años, esta florece. Los oficiales asisten a sus clases. En Sanssouci, el rey Federico II se enfurruña. No habría esperado esto de sus súbditos de Königsberg. La fama de Kant crece. Le ofrecen cátedras en las universidades de Erlangen y Jena. Las rechaza todas. Finalmente, en 1770 llega el momento. Toma posesión de la cátedra de Lógica y Metafísica en la Albertina. ¡Qué suerte, qué oportunidad! Un ser humano no puede alcanzar propósitos más altos. La metafísica es la madre de todas las ciencias, y Kant va a servirla.

Edificio de la Albertina
en la actualidad

La docencia

Kant comienza su labor docente en 1755-1756 y la finaliza en el verano de 1796. Desde que se hace cargo de la cátedra remunerada, los cursos de lógica y metafísica son gratis para los alumnos. En los colegios privados tienen que seguir pagando un estipendio (el denominado «Brot-kollegia»). El sueldo de un docente aumenta con el número de sus estudiantes. El alcance y la amplitud de la labor docente de Kant son enormes. Junto a los cursos públicos sobre lógica (en verano) y metafísica (en invierno) a lo largo del año dicta cursos sobre moral, derecho natural, «enciclopedia de toda la filosofía con una breve historia de la filosofía», geografía física, antropología, pedagogía, teología natural, matemática y mecánica. Se copian notas de sus cursos más importantes y se venden a la audiencia interesada. Entre sus oyentes se encuentra Johann Gottfried Herder (1744-1803, véase más adelante), que estudia con Kant de 1762 a 1764. Más tarde se combatirán públicamente. El irracionalismo de Herder es para Kant sospechoso desde la base. Herder critica a Kant por no haberle dedicado suficiente atención a la lengua.

El curso con más éxito: antropología

En el semestre de invierno de 1772-1773, Kant imparte un curso sobre antropología (pragmática), que consolida hasta convertirla en una disciplina académica ordinaria. A la luz del número de estudiantes, debió de ser su curso más exitoso. De una manera atractiva y comprensible, también para el público interesado de la ciudad, Kant quiere contribuir a ampliar nuestro conocimiento del mundo. Le gustaría explorar qué uso hace el ser humano de su libertad en el mundo. Quien asiste a sus cursos está bien equipado para el mundo. Sabe lo que le espera. Personas con un color de piel diferente, pueblos con distintos caracteres, mujeres que no quieren entender demasiado acerca de obrar a partir de principios. Kant aborda el sueño y la poesía, da clases sobre la diferencia entre convicción y persuasión, trata del genio y la costumbre y de muchas cosas más. En los 33 años en los que imparte este curso, lo reelabora y completa continuamente. Introduce la bibliografía más reciente sobre pueblos extranjeros, reacciona ante los cambios sociales y políticos de la época.

El primer curso: enseñar a filosofar

Ludwig Ernst Borowski (1740-1832), que más tarde se convierte en consejero eclesiástico, tiene la suerte de escuchar el primer curso de Kant en el otoño de 1755. En su biografía del filósofo se encuentra su relato: Kant «vivía entonces en la casa del profesor Kypke, en la ciudad nueva, y tenía allí un aula amplia, que con el vestíbulo y la escalera se encontraba llena de una cantidad increíble de estudiantes. Esto pareció desconcertar a K. Él, poco acostumbrado a esta situación, casi perdió la calma, hablaba aún más bajo que de costumbre, se corregía con frecuencia... La siguiente hora fue muy distinta. Su conferencia fue, como lo siguió siendo en lo sucesivo, no solo exhaustiva, sino también franca y amena. "Ustedes no van a aprender filosofía conmigo, sino a *filosofar*; no van a repetir ideas simplemente, sino que van a aprender a *pensar*", les repetía de continuo a sus alumnos. A todos los que repiten como loros les guardaba rencor de todo corazón. Pensar por uno mismo —investigar, valerse— eran expresiones que se repetían frecuentemente. Las dudas que se le presentaban para ser resueltas y las peticiones de explicaciones algo más detalladas, las aceptaba muy amablemente en sus años mozos. Por lo demás, su curso —discurso libre— estaba aderezado de gracia y humor».

Comer y beber

La mayoría de las informaciones sobre el Kant privado y sus costumbres proceden de las últimas dos décadas de su vida, esto es, de una fase en la que el hombre de antaño se había convertido en un anciano. Uno de sus biógrafos fue Reinhold Bernhard Jachmann (1767-1843), un antiguo alumno, y posterior amigo de Kant, que estudió desde 1783 en la Albertina. Aventurémonos a echar un vistazo a los hábitos de consumo de alcohol de Kant, tal y como Jachmann nos los ha transmitido, aun cuando no ayuden mucho a entender su filosofía: «Kant no bebía más que vino y agua. A beber cerveza lo llamaba "una comida", pues la cerveza contiene tantos nutrientes que los amantes de la misma se sacian de ese modo y pierden el apetito. Por lo general bebía un vino tinto suave, normalmente Medoc. Durante algún tiempo, Kant tenía, además, una pequeña botella con vino blanco cerca de él, para, de vez en cuando, si encontraba el tinto demasiado astringente, alternarlo con un vaso de blanco». Entre los platos preferidos de Kant parece que se encontraban, por cierto, los nabos de Teltow. ¡Buen provecho al cocinarlos!

Una vida de catedrático

Al tomar posesión de la cátedra, la rutina diaria de Kant se modifica. Los catedráticos en Prusia están obligados a comenzar sus clases a las siete de la mañana. Un sirviente tiene que despertarlo. Empieza la vida guiada por el reloj. Además de los cursos que abarcan inicialmente hasta 22 horas académicas (de 45 minutos) por semana, Kant ejerce varias veces el cargo de decano en la facultad de Filosofía. En 1780 es elegido miembro del Senado y, de forma rotatoria, dos veces rector de la universidad. No solicita, sin embargo, fondos externos ni participa en iniciativas de excelencia. Kant tampoco asiste a congreso alguno ni desempeña puestos de profesor visitante. El intercambio con sus colegas tiene lugar a través de conversaciones o de forma epistolar. El medio más importante es, no obstante, la palabra impresa, el libro, el ensayo, el artículo periodístico.

Kant como autor

Inicialmente, Kant publica sus libros en Königsberg, entre otros con el librero y editor Johann Jakob Kanter (1738-1786), en cuya casa vive también por un tiempo y puede estudiar sin coste alguno la literatura más reciente. Los escritos de la fase crítica, que comienza con la publicación de la *Crítica de la razón pura* (1781), aparecen en Riga, Berlín y Königsberg. El lugar de edición y de impresión, no obstante, rara vez coinciden. Así, todos los libros de Kant publicados entre 1781 y 1788 se imprimen en Halle, un lugar cuya universidad era conocida por su liberalidad en el ejercicio de la censura. También la demoledora crítica de Kant al racionalismo de la escuela de Christian Wolff (1679-1754), su panfleto contra el filósofo de Halle Johann August Eberhard (1739-1809), se imprime irónicamente en un edificio anexo a la antigua vivienda de Wolff. Los artículos más significativos de Kant aparecen en la *Berliner Monatsschrift*, la revista más importante de la Ilustración alemana. Con excepción de los escritos académicos de carácter obligatorio, todas sus publicaciones aparecen en alemán. Kant, por cierto, no se doctora en el sentido moderno del término. En Filosofía no era habitual.

El sirviente del filósofo

Los planes de Kant de formar su propia familia fracasan. No es reacio al trato con las mujeres, pero fuera de especulaciones sabemos pocas cosas concretas sobre las intenciones que abrigaba como elegante graduado. De tiempos posteriores nos han llegado palabras de advertencia sobre el matrimonio. Es probable que desde 1761 Kant tenga un sirviente. Su nombre es Martin Lampe (1734-1806), un antiguo soldado prusiano originario de Würzburg. Como Lampe bebe mucho y no es muy de fiar, surgen conflictos entre señor y sirviente. Algo que enoja a Kant especialmente es que Lampe se case sin pedirle permiso (a lo que habría estado obligado). En 1803 Lampe es despedido con una pensión anual de 40 táleros. Kant se queja de que este lo haya humillado de un modo que se avergonzaría de describir. Consigue un nuevo sirviente y anota: «El nombre Lampe ahora debe *olvidarse* por completo».

La casa en la Prinzessinstraße

En mayo de 1784, con 60 años, Kant se muda a su propia casa. Está en la Prinzessinstraße, en las inmediaciones del palacio. En el segundo piso se encuentran el comedor, donde Kant come con sus invitados, su biblioteca y su dormitorio. Lampe se instala en el ático. En el primer piso da clases a casi cien estudiantes, para los que la capacidad de la estancia resulta exigua. Antes tenía que alquilar cuartos que fuesen adecuados. Aún no había un edificio central para cursos como en las universidades modernas. Al principio seguirá yendo a comer fuera de casa, hasta que en 1787 instala una cocina en la planta baja e invita a gente a comer. El día se lo organiza de la siguiente manera: levantarse a las cinco de la mañana, cursos a partir de las siete, trabajo en sus proyectos de publicaciones, a mediodía comida con amigos y visitantes de fuera, después otras actividades filosóficas, al atardecer un paseo al dique de Holstein y lectura de la literatura más reciente. A las diez empieza el descanso nocturno. El domingo por la tarde lo pasa en casa de su amigo Robert Motherby (1736-1801), un comerciante inglés.

El proyecto inacabado de la metafísica

Durante toda su vida, a Kant le preocupa que sus fuerzas mentales y físicas puedan menguar antes de haber completado por entero el ambicionado proyecto de una metafísica de la naturaleza y de las costumbres fundamentada de manera crítica. Estas preocupaciones se confirmarán. La *Metafísica de la naturaleza* se queda solo en consideraciones preliminares. Y la *Metafísica de las costumbres* (1797) solo contiene, de hecho, los *Principios metafísicos de la doctrina del derecho y de las costumbres.* En sus últimos años de vida depende de la ayuda de su hermana y del apoyo de sus amigos. Al filósofo Christian Garve, Kant le escribe en 1798 que, ante la idea de ver la «totalidad» de su filosofía delante de él y, sin embargo, no poder concluirla a causa de su agotamiento mental, siente un «dolor tantálico». En la última década de su vida, Kant también debe observar apesadumbrado cómo filósofos más jóvenes cogen la pluma con la pretensión de erigir, siguiendo el espíritu de la filosofía crítica, el sistema de la filosofía trascendental, para el que, a sus ojos, Kant ha aportado solo una propedéutica. Kant está consternado. A Johann Gottlieb Fichte (1762-1814) lo reprende en una declaración pública con palabras tajantes: «Que este se atenga —por favor— a las palabras de la *Crítica de la razón pura,* y entonces descubrirá los "fundamentos" seguros del sistema de la razón pura».

El sentido de la vida

¿Qué le da sentido y significado a nuestra vida? ¿El éxito en el trabajo? ¿La riqueza? ¿El reconocimiento y la honra? «Al final de nuestros días» lo único que cuenta es la buena conducta moral. «El cumplimiento exacto de aquello que nos prescribe la moral para que la conciencia no nos reproche nada, nos satisface-tranquiliza al final. Qué culpa tengo yo de que las cosas del mundo no vayan según mi voluntad; ellas no deben robarme la satisfacción, sino que quiero estar conforme con ellas. Qué nos puede ayudar al final de nuestros días... ¿que nos hayamos dado buenas comilonas, que hayamos viajado en carruajes...? Pero si he vivido siempre recta y virtuosamente, si aún hay otro mundo seré digno de ocupar allí mismo otro puesto».

La muerte del filósofo

Tras años de declive físico y mental, Kant muere el mediodía del 12 de febrero de 1804. Es domingo. Es enterrado el 28 de febrero. Como informa el albacea de Kant, Ehregott Andreas Christoph Wasianski (1755-1831), el cadáver fue recibido al salir de la «casa mortuoria» «con el repique de *todas* las campanas de la ciudad al completo. El imprevisible cortejo fue a pie, sin que se prestase atención a los rangos, acompañado de miles de personas, hasta la catedral y la iglesia de la universidad. Esta estaba iluminada por algunos cientos de velas de cera... un entierro semejante, en el que confluyeron las huellas más patentes del respeto general, la pompa solemne y el gusto, no lo habían visto nunca antes los habitantes de Königsberg».

Los amigos de Kant

En 1803, el filósofo celebra por última vez su cumpleaños junto con sus amigos. William Motherby y un hijo de Robert Motherby invitan al antiguo círculo de comensales a una «fiesta de recuerdo», que se celebra el 22 de abril de 1805 en la vivienda de Kant. Es el nacimiento de la *Sociedad de los amigos de Kant,* que sigue existiendo hasta la actualidad. Después de 1945, la llamada comida de habas se celebra inicialmente en Gotinga y Maguncia. Desde 2016 se reúne en Halle. Hace algunos años también se restableció esta tradición en Kaliningrado, cuya universidad lleva hoy el nombre de Kant. Para recordar la fecha de fallecimiento de Kant, Hans Vaihinger funda, en 1904, en Halle, la Sociedad kantiana, que en la época de la República de Weimar es la sociedad filosófica más grande del mundo. Es desmantelada por los nazis. Tras 1945, de nuevo se restablecen, en primer lugar los «Estudios kantianos», igualmente fundados por Vaihinger, y después la Sociedad kantiana en Mainz y Bonn. En nuestros días hay otras Sociedades kantianas en Japón, Corea, Polonia, Rumanía, Noruega, Italia, Francia, España, Gran Bretaña, Estados Unidos y Brasil. En el reino de la razón pura nunca se pone el sol.

Muerte, ¿dónde está tu acicate?

Kant no le concede a la muerte ningún significado especial. Ciertamente, no es nada sublime. La muerte es la ausencia de la vida. La vida es la «capacidad de un ser de obrar conforme a sus ideas. Cuando estamos muertos, ya no podemos obrar. La muerte no es —como señaló Epicuro— ningún acontecimiento en nuestra vida. Kant explica: «Lo que la muerte es, no lo puede saber nadie. El ser humano que se encuentra en una profunda impotencia, y al que se da por muerto, no puede hablar desde la experiencia. Nadie puede saber nada de la muerte, y quien ha perdido la capacidad de producir movimientos externos, puede sentir lo que quiera, que esto nadie se lo podrá notar». Las experiencias cercanas a la muerte no son experiencias de la muerte. Desde una perspectiva práctica, la muerte tiene importancia para la pregunta acerca de la conciliación de virtud y felicidad (el bien más elevado). Si no muriésemos, tampoco podríamos esperar. Tendríamos, como Sísifo, que estar eternamente activos, sin la esperanza de un estado en el que nuestra búsqueda de la virtud se pagará con la felicidad.

Pérdida del yo

Para Kant, el peor mal que nos puede suceder consiste en la pérdida de nuestro yo. Ninguna persona renuncia de manera voluntaria a su capacidad de decidir sobre sí mismo. Si nos perdemos a nosotros mismos por una enfermedad y dolencia, debemos aceptarlo. Como seres naturales que somos, no tenemos otra elección. Como seres morales, sin embargo, el aniquilamiento físico de nuestro yo no puede asustarnos. Como seres humanos virtuosos hemos hecho lo que debíamos hacer. Y hay esperanza de una vida después de la muerte, que viviremos como personas morales. En su valoración de la posesión de uno mismo, Kant se sabe conforme con la antigua filosofía de la estoa: «La posesión de uno mismo..., el Dios de los estoicos, es mucho más sublime que el ánimo siempre alegre de los epicúreos, pues si uno es maestro de sí es también señor de su felicidad y desdicha».

El conocimiento de los seres humanos con una intención práctica

Quien se mueve entre seres humanos, quien quiera irse de viaje y conocer el mundo, hace bien en recurrir a las experiencias de otros seres humanos. ¿Qué uso hacen los seres humanos de su libertad? ¿En qué se distinguen los diferentes pueblos? ¿Qué lenguas hablan? ¿Son pacíficos o agresivos? ¿Viven de la riqueza de la naturaleza, practican el comercio, qué cosas fabrican? ¿Cómo se adornan? ¿Cómo educan a sus hijos? Kant opina acerca de cuestiones como estas sobre todo en sus cursos de antropología pragmática y geografía física. En lo que se refiere a la descripción de pueblos extranjeros, Kant debe recurrir a la literatura de viajes. Una vez comenta en un curso: «Los habitantes de India son reservados y prudentes, todos tienen aspecto de filósofos. Si un europeo se burla de ellos, lo calman y se alejan de buen grado para no pelearse». Prudentemente, Kant no saca la conclusión inversa: todos los filósofos tiene aspecto de indios.

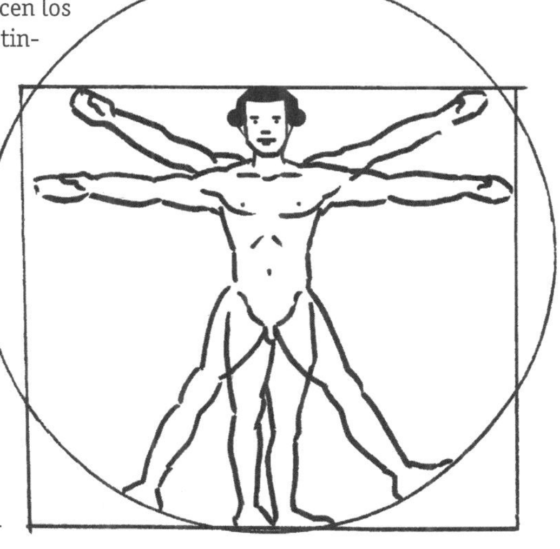

¿Era Kant racista?

Kant distingue entre el carácter de una persona, del sexo, del pueblo, de la raza y de la especie humana. Hay solo una especie humana, pero cuatro razas humanas diferentes, que tienen un origen común. Como muchos de sus contemporáneos, está convencido de que la blanca es, desde el punto de vista de la cultura y la civilización, superior a las otras razas humanas. La doctrina de las razas de Kant es corregida por su ética. Todos los seres humanos nacen libres. Todo individuo merece nuestro respeto. La esclavitud, la tiranía y la humillación están en contradicción con la ley moral. La tesis tristemente célebre del filosofo de Gotinga Christoph Meiners (1747-1810), según la cual cada «raza» tiene sus «propias leyes», es incompatible con la filosofía kantiana de la razón práctica.

El filósofo risueño

Durante muchas décadas, Kant se ocupa del fenómeno de la risa. La risa forma parte de nuestra naturaleza, y una persona sin gracia ha de ser un verdadero estúpido. Con la edad aumentan las ganas de reír: «a la gente mayor le gustaría bromear y reír todo el día». ¡Pero cuidado! La fisiología, la oportunidad y el momento del día son también relevantes: «A una persona baja, gruesa y con grasa, la risa le resulta conveniente… A la gente gorda le gusta reírse especialmente cuando come; en la mesa no se busca en absoluto hacer alarde de erudición, sino que lo que se quiere es pasar un momento alegre». Una persona «alta y flaca», por el contrario, «no está hecha para la risa». Por desgracia, Kant no se pronuncia sobre las personas bajas y delgadas, y sobre las bajas y flacas. Su famosa definición de la risa se encuentra en la *Crítica del juicio:* «La risa es un afecto debido a la súbita transformación de una tensa espera en nada». La risa «debe ser inocente, debe ser una alegría que se comunica a todos».

Kant cuenta un chiste

Para dar a los estudiantes la oportunidad de examinar su concepción de la risa, a Kant también le gusta contar algún chiste. Uno dice así: «En Francia, una comisión de obras había hecho construir un puente sobre un río. Como ya estaba acabado, quisieron examinarlo por sí mismos. Para ello se encargó una comida no lejos de aquel y se dirigieron hacia allí. Mientras comían, un hombre de Gascuña iba de un lado al otro del puente. Lo miraban, hasta que a alguien del grupo se le ocurrió que tenía que ser de su profesión. Decidieron entonces invitarlo a la comida. Él fue y comió con ganas. Mientras comían, se discutió sobre el puente. El gascón seguía comiendo y no decía una palabra. Cuando vieron que estaba lleno le preguntaron su opinión del puente que había contemplado durante tanto tiempo. "Pienso", dijo, "que habéis hecho muy bien en construir el puente atravesando el río. Pues si lo hubieseis querido construir a lo largo nunca habríais terminado"».

El filósofo sociable

Kant valora la sociabilidad. No solo ahuyenta el aburrimiento, también es una etapa previa a la moralidad. Quien quiera adquirir gusto, debe tener trato con gente. «El gusto es una consecuencia de la sociabilidad, y su formación una capacitación del ser humano, en relación con su verdadera perfección, que lo acerca a la moralidad. Cuanto más gusto se desarrolla en el ser humano, tanto más propenso y capaz es de transformarse en un modo bueno de pensar». El gusto representa una «preparación para la mejora del ser humano». No prepara para la moralidad, porque apunta a la imparcialidad del propio juicio. En los sentimientos de los seres humanos hay «algo universal..., y un ser humano tiene gusto cuando es capaz de percibir de un modo tal que concuerda con las percepciones de muchos otros». También la moda se basa «en la sociabilidad; algo se acepta universalmente no porque sea hermoso, sino porque uno quiere distinguirse de otros... La novedad debe estar unida a este uso universal, y algo deja de ser moda cuando se convierte en un uso universal». Por cierto, el señor Kant debe de haber sido «el hombre más galante del mundo», de haber llevado «ropas ribeteadas» y visitado «todas las *coteries*» (camarillas). También debe de haber destacado como mensajero de amor («postillon d'amour»). Kant, el filósofo sociable.

Apostilla. La época de la sociabilidad

El siglo XVIII es la época de la sociabilidad. Los individuos buscan el intercambio con otras personas. Sin un fin determinado, sostenido por amistad, afecto y amor, se escriben cartas largas y afectadas, se reúnen en sociedades e intercambian impresiones en salones y círculos de comensales, en un diálogo libre sobre Dios y el mundo. La sociedad burguesa se forma, se organiza según principios que en el mejor de los casos crean relaciones y compromisos entre los libres e iguales. La sociabilidad presupone la disposición a tomar en serio el juicio y la perspectiva del otro. Quien lleva una vida sociable quiere hacer amistades y formarse.

Todo deseo práctico conoce el dolor

El ser humano es un ser que siente, experimenta placer y displacer (dolor). Está triste y alegre, llora y ríe. Si la felicidad fuese el fin principal que la naturaleza nos ha puesto en la tierra, las cosas andarían mal para nosotros. Pues nunca podemos ser completamente felices. Esto tiene, según Kant, dos causas. Por un lado, nuestras ideas acerca de la felicidad son en su contenido imprecisas y cambiantes. Y por otro, nosotros, como sujetos prácticos, nunca experimentamos algo así como un deseo puro. Ningún deseo es ilimitado; todo placer presupone un dolor. La naturaleza lo ha dispuesto de tal modo que la causa del placer sea la superación de un dolor. «El dolor se nos ha dado como una espina para producir en nosotros actividad».

La alabanza del trabajo

La superación activa del dolor estimula nuestro estado de ánimo. La opinión defendida una vez por Aristóteles, según la cual el modo de vida más elevado del ser humano es el conocimiento contemplativo de las verdades eternas *(bios theoretikos),* no puede ser del agrado de Kant. El ser humano está diseñado para la actividad, para perseguir unos fines. Esta nos libera del dolor. Así, incluso el pensamiento es trabajo. «El trabajo es la mejor manera de pasar el tiempo, y el tiempo no se llena de otro modo más que trabajando; pues las diversiones se privan ellas mismas de su propio placer, y con el tiempo se vuelven insípidas. Pero el trabajo es una ocupación obligada, y se diferencia del ocio en que trae consigo molestias que solo se asumen por un fin... Pero puesto que el trabajo no es nada más que esfuerzo, puede servir para hacernos capaces de la felicidad de la vida, apartándonos del dolor, pues por el trabajo olvidamos los sufrimientos innombrables que siempre nos persiguen». El trabajo nos hace felices, porque nos ayuda a olvidar el dolor. Este no es un concepto de la felicidad positivo, sino negativo.

Apología de la bebida espirituosa

El consumo de bebidas espirituosas es un medio de promover a la vez nuestra sociabilidad y dicha. No obstante, el beber acrecentado hasta transformarse en embriaguez es condenable. «El beber como medio de favorecer la sociabilidad no es criticable; sin embargo, cuando se convierte en embriaguez perturba el regocijo del grupo; pero antes de que se acreciente hasta transformarse en embriaguez, anima al grupo, porque favorece la conversación y el humor y aleja la prudencia que habita en todos los seres humanos en relación con lo que es adecuado... Estamos alegres cuando nos podemos liberar de la obligación de lo afectado». Probablemente, Kant habla por experiencia propia cuando en el curso del invierno de 1781-1782 expone que «cuando los seres humanos se encuentran más entretenidos es cuando están en la mesa con sus buenos amigos, porque saben que si se les escapase una expresión imprudente, no ofenderían a nadie». Es espléndida su crítica al convencionalismo moral de sus contemporáneos: «Nuestros tiempos no son tiempos de sobriedad; la cuestión es si esto demuestra una mejora de nuestra moralidad». ¿Dice esto el filósofo del imperativo categórico? Si, así está escrito.

Antropología del beber

Si un hombre se emborracha solo en su habitación es un «infame». Pues la sociabilidad es «lo único por lo cual se puede recomendar beber a las personas», por lo cual se les puede disculpar. Por esta razón, Kant también condena el consumo de aguardiente, pues su consumo nos hace enmudecer. Kant opina, además, sobre el efecto del alcohol en las distintas naciones. Perfecto si uno se puede remitir a una autoridad romana. «Tácito dice que los teutones tomaban sus decisiones mientras bebían, para que estuviesen llenas de fuerza, y las meditaban cuando estaban sobrios, para que se cumpliesen bien; y esto era, en una nación como la que eran entonces los teutones, sin duda necesario». En la época de Kant Europa parecía estar dividida en un hemisferio norte y uno sur: «en Europa las personas de la zona sur son más sobrias que las de la zona norte, y parece también que beber les resulta más conveniente a los últimos y casa mejor con su humor... No se puede valorar la sobriedad de los pueblos del sur como una virtud, como tampoco el beber de los del norte como un vicio».

La obra filosófica

La obra filosófica de Kant es extensa, pero no es un pozo sin fondo. En la denominada edición de las *Obras Completas* de la Academia, que apareció en 1990, los textos publicados por él mismo o autorizados para su publicación comprenden solo nueve volúmenes. A esto hay que añadirle el intercambio epistolar, las obras póstumas manuscritas (reflexiones, trabajos preparatorios de los publicados y borradores de trabajos que Kant no concluyó), así como las notas estudiantiles de sus cursos de cuatro décadas. Hasta la fecha la edición no está concluida. Desde entonces se ha descubierto algún material nuevo que se ha publicado en otros medios. En numerosos casos han aparecido ediciones más modernas al margen de la edición de la Academia. Hace algunos años se concluyó la revisión de partes de las *Obras completas*. Debemos tener paciencia.

El Kant precrítico y el crítico

Tradicionalmente se distingue entre los escritos precríticos y críticos de Kant. Aun siendo controvertido, es útil para orientarse. La obra crítica comienza con la publicación de la *Crítica de la razón pura* en 1781. Una segunda edición revisada en partes importantes aparece en 1787. Es la obra de la filosofía moderna. A finales de 1787 (en la portada pone 1788) aparece la denominada segunda crítica, la *Crítica de la razón práctica;* en 1790 la *Crítica del juicio*. También marca una época la publicación de la *Fundamentación de la metafísica de las costumbres,* en la que Kant explica, en 1785, su doctrina del imperativo categórico y del principio de autonomía. Hay que mencionar también los *Prolegómenos a toda metafísica futura que pueda presentarse como ciencia,* aparecidos en 1783. En ellos Kant intenta dirigir la atención a su importante obra crítica y defenderla de objeciones. En 1784 parece su famoso artículo: *¿Qué es la Ilustración?* en el *Berlinischen Monatsschrift;* en 1793 su texto sobre religión, que le causa problemas con la censura. En el texto *Sobre la paz perpetua* (1795) Kant discute los fundamentos ético-jurídicos de la acción política.

El giro hacia la libertad

Casi ningún filósofo de la Edad Moderna ha dejado de opinar acerca del concepto y el significado de la libertad. Pero ninguno lo ha hecho en la forma en que lo hizo el filósofo de Ginebra Jean-Jacques Rousseau (véase abajo). En su opinión, la libertad es todo. Sin ella el ser humano sería un animal. Quien es libre tiene el derecho a decidir sobre sí mismo. La libertad y la ley son compatibles, porque cuando nosotros nos damos una ley no nos sometemos servilmente a ella. De la libre voluntad de la tradición se llega a la voluntad general *(volonté générale)*. A comienzos de los años sesenta, Kant devora las traducciones alemanas de *Emilio* y del *Contrato social*, aparecidas inmediatamente después de su publicación original (ambas en 1762). Está electrizado. En adelante, su filosofía girará en torno a la libertad del ser humano. El ser humano no es solo naturaleza, sino en primer lugar un ser moral. La metafísica debe desarrollarse como metafísica de la naturaleza y como metafísica de las costumbres. El ser humano no tiene que ser «un gran razonador y un profundo metafísico» (Rousseau) para conocer la ley moral. Todos los seres humanos la conocen. Todos los seres humanos tienen una dignidad. Al mismo tiempo, a Kant le parece evidente que el concepto de libertad de Rousseau implica una teodicea magnífica: si el ser humano ha nacido libre, entonces él mismo es responsable de todo el bien y el mal en el mundo. Todo depende del uso que el ser humano hace de su libertad. En la moral se encuentra «todo el destino del ser humano».

Apostilla. Jean-Jacques Rousseau (1712-1778)

La influencia de los escritos de Rosseau en los debates intelectuales de su época es inmensa. Rousseau es un crítico de la cultura, reflexiona sobre las causas de la desigualdad entre los seres humanos y los fundamentos de la sociedad. Escribe textos políticos y causa sensación con sus *Confesiones* (1770). El *Emilio* y el *Contrato social* serán quemados. Rousseau huye en 1765 a Inglaterra y regresa a Francia dos años más tarde. Aunque en un primer momento Hume lo ayuda en Inglaterra, se produce entre ambos una disputa pública en la que toda Europa toma parte. A Rousseau se le atribuye una mentalidad paranoica.

Autoconfesión

En una reflexión escrita bajo la impresión de una lectura de Rousseau, Kant intenta sacar algo en claro de su cambio de postura: «Yo mismo soy, por inclinación, un investigador. Siento una gran sed de conocimiento y la ávida inquietud de progresar en él; también la satisfacción por cada conquista. Hubo un tiempo en que creía que solo esto podía constituir el honor de la humanidad, y despreciaba al vulgo ignorante de todo. Rousseau me ha puesto en el buen camino. Esta superioridad que me cegaba ha desaparecido; aprendo a honrar a los seres humanos, y me consideraría mucho más inútil que el trabajador común si no creyera que esta reflexión pudiese proporcionar a los demás un valor, el de establecer los derechos de la humanidad». La única decoración que había en la pared del despacho de Kant era, al parecer, un retrato de Rousseau.

En el camino de la crítica

La última publicación importante que Kant entrega a la imprenta es un escrito académico obligatorio que debe escribir y defender públicamente con motivo de tomar posesión de la cátedra de lengua latina. Su título en castellano es *De la forma y los principios del mundo sensible y del inteligible* (1770). Con él, Kant pone las primeras bases de su filosofía crítica. Se muestra convencido de que el espacio (la forma de los sentidos externos) y el tiempo (la forma de los sentidos internos) son las formas de nuestra intuición del mundo sensible. Si reconocemos un objeto dado en nuestra sensibilidad, lo reconocemos siempre debido a nuestras formas de intuición como un objeto definido a la vez espacial y temporalmente. Puesto que Kant en los años setenta no publica nada más que sea relevante filosóficamente, los estudiosos hablan de la «década silenciosa». Kant puede guardar silencio, pero no duerme. Después de 1770 trabaja intensamente en el proyecto de una crítica de la razón. Sin crítica, la metafísica se quedará en una promesa irredimible. A la *Crítica de la razón pura* la llamará un «Tratado del método». Trata del camino que conduce a la metafísica como ciencia.

El intercambio epistolar con Marcus Herz

A comienzos de los años setenta, Kant escribe cartas a su discípulo y amigo Marcus Herz (1747-1803). El filósofo y médico judío está especialmente familiarizado con el pensamiento de Kant. Antes de su partida a Berlín participa como «respondente» o portavoz en la defensa pública de la disertación inaugural de Kant. Sus comentarios críticos sobre la nueva doctrina del tiempo y el espacio de Kant aparecen en 1771 con el título *Consideraciones desde la sabiduría del mundo de la filosofía especulativa*. El 21 de febrero de 1772 Kant le escribe a Herz que, tras su partida, tiene el proyecto de un libro con el título *Los límites de la sensibilidad y la razón*. Pero por desgracia, para realizarlo todavía le falta «algo esencial... de lo que en mis largas investigaciones metafísicas, así como en otras, había prescindido y que, de hecho, constituye la clave de todo el misterio, hasta entonces todavía oculto, de la metafísica. En concreto, me preguntaba a mí mismo: "¿En qué fundamento se basa la relación con el objeto de aquello que se llama en nosotros representación?"».

La *Crítica de la razón pura*

A una edad en la que uno se puede permitir pensar alguna que otra vez en la jubilación, Kant publica la *Crítica*. Tiene 57 años. Que, como se dice en el salmo 90, la vida dure 70 años, es para una persona del siglo XVIII una afirmación optimista. Kant es consciente de esto. Y aún tiene tantos planes... La *Crítica* no es la conclusión; representa el inicio de una fase de productividad intelectual que abarca más de quince años y hará época. El publicista, materialista e ilustrado Karl von Knoblauch (1756-1794) califica a Kant como «príncipe de los pensadores alemanes». Por desgracia, no todos lo ven así. Al filósofo de Marburgo Johann Bering (1748-1825), el Gobierno de Hessen-Kassel le prohíbe impartir un curso sobre los *Principios metafísicos de la ciencia de la naturaleza* de Kant en septiembre de 1786. No se tiene claro «qué se debe pensar de los textos de Kant, especialmente si estos serían motivo de escepticismo, y, por consiguiente, enterrarían la certeza del conocimiento humano». El edicto se deroga a finales de 1787.

Hume despierta a Kant de su sueño dogmático

Las cosas afectan a nuestra sensibilidad, producen en nosotros representaciones. ¿Pero cómo es posible que podamos conocer un objeto si las formas de nuestra intuición (espacio y tiempo) y las formas de nuestro pensamiento (los conceptos puros de la razón o categorías) no son en sí mismas atributos de las cosas? ¿Cómo se puede entender la «correspondencia» que nuestras representaciones (la materia del pensamiento) «tienen con los objetos»? En los *Prolegómenos* de 1783 Kant confiesa que ha sido David Hume el que con sus ataques escépticos contra la posibilidad de un vínculo necesario conceptualmente (apriorístico) entre causa y efecto le dio un nuevo «rumbo» a su filosofía. «Reconozco con libertad: el recuerdo de David Hume fue lo que hace muchos años primero interrumpió mi sueño dogmático y dio un rumbo totalmente diferente a mis investigaciones en el campo de la filosofía especulativa». Hume lanza la «chispa» que enciende en él una «luz».

Al razonamiento que presenta la posibilidad de la relación apriorística entre las representaciones dadas y las formas de la intuición y del pensamiento Kant lo llama la «deducción trascendental de los conceptos puros del entendimiento». Gracias a Hume, Kant reconoce un problema que todos los otros filósofos han pasado por alto en su dogmática arrogancia o en su descuido escéptico.

Apostilla. David Hume (1711-1776)

El filósofo e historiador escocés David Hume, que por sus opiniones críticas con la religión no obtuvo ninguna cátedra, es una de las figuras fundamentales de la Ilustración. Como crítico sagaz del racionalismo y la metafísica, representa un escepticismo moderado. En su opinión, no hay ninguna sustancia anímica. Todos nuestros conocimientos se basan en la observación y en la experiencia. La relación de causa y efecto tiene su fundamento en nuestra imaginación, no en conceptos del entendimiento. Pensar significa sentir. Kant aprecia mucho a Hume, cuyos escritos lee en traducciones alemanas. Incluso el texto de Hume *Diálogos sobre la religión natural,* aparecido póstumamente en 1779, lo tiene en cuenta en la redacción final de la *Crítica.*

¿La metafísica como ciencia?

Es para desesperarse. Desde los días de Aristóteles (384-322 a. C.) los filósofos se esfuerzan por establecer la metafísica como una ciencia respetable. Pero todos fracasan. ¿Cómo se puede explicar esto? ¿Se debe a que una metafísica sólida no es en absoluto posible, como afirman los escépticos desde antaño? ¿O quizá no se ha prestado atención, se ha pasado simplemente por alto en el camino hacia la metafísica un problema, un cometido, un método o una perspectiva? Kant está convencido: la metafísica es una ciencia establecida en nuestra razón. Después de todo, también hay una matemática y unas ciencias naturales, cuyos enunciados son válidos necesariamente. Bien es cierto que un filósofo como Hume rechaza la idea de una interconexión necesaria conceptualmente entre causa y efecto. Pero incluso el mayor escéptico tiene que admitir que 7 + 5 = 12. Con ello las cartas están sobre la mesa: la pregunta por la posibilidad de la metafísica como ciencia debe hacerse en su formulación, a ser posible, más general. No se trata solo de metafísica. Se trata más bien de conocer la causa de juicios (enunciados) que amplían nuestro conocimiento y son válidos necesariamente. A estos juicios Kant los llama «juicios sintéticos *a priori*». ¿Pero cómo son posibles estos juicios? ¡Eureka! Por fin se ha encontrado el problema que el filósofo debe resolver en el camino hacia la metafísica. Kant se pone a trabajar y en 1781 presenta los resultados.

¿Cómo son posibles juicios sintéticos *a priori*?

Esto son palabras duras: durante más de 2000 años los filósofos más inteligentes no han entendido el problema que hay que resolver. Suspenso. Solo el fanfarrón, a los ojos de sus colegas, de Hume ha sospechado al menos que no podía hacerse analizando conceptos dados (método analítico). «El problema propio de la razón pura está contenido en la pregunta: *¿Cómo son posibles juicios sintéticos "a priori"?* Que hasta ahora la metafísica haya permanecido en un estado tan vacilante, de incertidumbre y de contradicciones, ha de atribuirse solamente a esta causa: que no se haya caído antes en la cuenta de este problema, y quizá incluso de la diferencia de los juicios *analíticos* y los *sintéticos*».

Juicios analíticos y sintéticos

El entendimiento humano está elaborado discursivamente. Nuestro pensamiento se expresa en juicios, mediante los cuales relacionamos (sintetizamos) y unimos en una única conciencia nuestras representaciones y conceptos. «Pero pensar es unir las representaciones en una conciencia... La unión de las representaciones en una conciencia es el juicio. O sea, pensar es, después de todo, tanto como relacionar juicios o representaciones con juicios». Hay tres tipos de juicios diferentes: un juicio analítico no amplia nuestro conocimiento, sino que con el predicado de la proposición solo expresa lo que ya está contenido en el concepto de sujeto ("Un soltero es un hombre no casado")». Un juicio sintético amplía nuestro conocimiento porque le atribuye al sujeto un predicado que no está contenido en él. Si la validez de un juicio sintético se basa en la experiencia («Kant es un soltero»), se trata de un juicio sintético *a posteriori*. La tarea ahora consiste en demostrar la posibilidad de juicios sintéticos *a priori*. Estos juicios de ampliación que son válidos necesariamente no se basan en la experiencia, sino que representan la condición de posibilidad de una experiencia unitaria. Si esta no se diera, Hume tendría razón. Todos los juicios sintéticos serían válidos *a posteriori*. La metafísica sería una quimera.

Apostilla. Aristóteles (384-322 a. C.)

En la Edad Media, el importante filósofo griego y educador de Alejandro Magno es conocido simplemente como «el filósofo» *(philosophus)*. Cualquier afirmación que venga de Aristóteles será automáticamente cierta («philosophus dixit»). Sus escritos sobre metafísica, ética, lógica, política, retórica y ciencia de la naturaleza están vigentes hasta el día de hoy. Kant se refiere una y otra vez a él. En su opinión, el gran griego ha elevado la lógica al rango de una ciencia en la que no se ha de mejorar nada. En la *Crítica,* Kant recurre para asombro de sus lectores al lenguaje de la lógica aristotélica (analítica, dialéctica, categoría, analogías, etc.). En el ámbito de la filosofía práctica, Kant critica la doctrina aristotélica de la virtud como el término medio entre dos vicios. En su lugar pone su doctrina del imperativo categórico.

La revolución copernicana

Para conocer las capacidades de la conciencia humana que hacen posible la experiencia, Kant propone en la *Crítica* una «completa revolución» en el método de la metafísica. Debemos cambiar nuestro modo de pensar para poder definir con precisión la extensión y límites de nuestro conocimiento. «Ensáyese, por eso, una vez, si acaso no avanzamos mejor, en los asuntos de la metafísica, si suponemos que los objetos deben regirse por nuestro conocimiento... Ocurre aquí lo mismo que con los primeros pensamientos de Copérnico, quien, al no poder adelantar bien con la explicación de los movimientos celestes cuando suponía que todas las estrellas giraban en torno del espectador, ensayó si no tendría mejor resultado si hiciera girar al espectador, y si dejara, en cambio, en reposo las estrellas». La revolución del modo de pensamiento es prometedora. «Si la intuición debe regirse por la naturaleza de los objetos, no entiendo cómo se podría saber *a priori* algo sobre ella; pero si el objeto (como objeto de los sentidos) se rige por la naturaleza de nuestra facultad de intuición, entonces puedo muy bien representarme esa posibilidad».

El ser humano como legislador

¿El ser humano es, de acuerdo con su razón pura, el legislador de la naturaleza? Una tesis aparentemente extraña. ¿No aprendemos desde la guardería que debemos investigar la naturaleza antes de poder comprenderla? Kant no lo pone en duda. Sin experiencias concretas los efectos de la marea en los animales que viven en el mar de Frisia no pueden comprenderse más que la influencia del alcohol en el cuerpo humano. No obstante, los objetos de la experiencia no nos son dados sin más. Todas nuestras afirmaciones sobre la naturaleza se efectúan recurriendo a las condiciones de nuestra facultad de conocimiento. La naturaleza es siempre naturaleza para nosotros. Si se lograse probar que hay principios de nuestra experiencia que son válidos necesariamente, entonces deben tener su origen en nosotros mismos, en la manera en que miramos y pensamos. Si solo nos limitáramos a representar la naturaleza en nuestro pensamiento, no habría, de esto está convencido Kant, ni una ciencia natural auténtica ni libertad de la voluntad.

El campo de batalla de la metafísica

La *Crítica de la razón pura* es famosa por sus numerosas metáforas. En la introducción, Kant habla de la metafísica como un «campo de batalla... de interminables conflictos». Al principio, la metafísica dominaba despóticamente como «reina de todas las ciencias» bajo la administración de los dogmáticos. Pero puesto que su legislación muestra todavía rastros de la antigua barbarie, su dominio fue degenerando «paulatinamente, por guerras internas, en un completo caos, y los escépticos, una especie de nómadas que abominaban de todo cultivo estable del suelo, desgarraban de tiempo en tiempo la asociación civil». Pero los escépticos siguieron siendo minoritarios. En repetidas ocasiones hubo intentos para volver a instaurar el dominio de la metafísica. A Kant le gustaría poner paz. Debe recobrarse la calma. Cada uno debe obtener lo que le corresponda. ¿Cómo se puede zanjar la disputa entre dogmáticos y escépticos? Él se refiere al intento de John Locke de decidir sobre las reclamaciones de ambos adversarios mediante una «fisiología del entendimiento humano». Pero este intento fracasa. No se puede resolver con los medios del empirismo. Es la razón pura la que debe juzgarse a sí misma. Es necesario el autoconocimiento a través de la crítica. La razón pura debe instituir «un tribunal» que juzgue sus reclamaciones, justificadas e injustificadas. Este tribunal «no es otro que la misma *crítica de la razón pura*». Buenas noticias para Kant: puede instituir el tribunal y hacer constar en acta el procedimiento. La razón pura se reúne en el cuarto de estudio de Kant.

La época de la crítica

Kant vincula a su idea de una razón que debe dictar sentencia sobre sí misma una reclamación que hace un diagnóstico de la época y es, al mismo tiempo, normativa, de la que nada ni nadie puede escapar: «Nuestra época es la verdadera época de la crítica, a la que todo tiene que someterse. La *religión*, por su *santidad*, y la *legislación*, por su *majestad*, quieren por regla general escapar de la misma. Pero entonces despiertan una justa sospecha contra sí mismas y no pueden reclamar una atención genuina que la razón solo concede a aquello que ha podido soportar su examen libre y público». Tres años más tarde hablará de la «época de la *Ilustración*». Ninguna Ilustración sin crítica, Ilustración a través de la crítica.

Intuición y conceptos

En la *Crítica* Kant diferencia entre la facultad de la receptividad o de la sensibilidad por un lado, y la espontaneidad o el entendimiento por el otro. Las dos formas de nuestra intuición sensible son espacio y tiempo. A las formas del entendimiento Kant las llama «categorías» o (en el caso de su empleo de la razón) «ideas». Espacio y tiempo son tema de la estética trascendental; los conceptos del entendimiento y de la razón se tratan en la lógica trascendental (analítica y dialéctica). En su opinión, los conceptos del entendimiento solo tienen un significado objetivo cuando se refieren a las intuiciones. En este caso, las condiciones subjetivas de nuestra sensibilidad (espacio y tiempo) y de nuestro pensamiento (categorías) tienen un significado objetivo, por ser constitutivo del objeto.

Espacio y tiempo

Kant le da a los conceptos de espacio y tiempo una interpretación radicalmente subjetiva. Rechaza la teoría del espacio absoluto y del tiempo absoluto de Isaac Newton (1643-1727). En opinión de Kant, nuestra sensibilidad es sometida a la influencia de cosas que producen en nosotros sensaciones (representaciones). Estas sensaciones representan el material (el contenido) de nuestro conocimiento. Pero estas cosas que tienen una influencia en nosotros no poseen ellas mismas características espaciales ni temporales. Otros seres vivos (por ejemplo, los murciélagos) pueden tener otras formas en las que perciban el material dado en su sensibilidad; en el caso de nosotros, seres humanos, sin embargo, espacio y tiempo se encuentran «preparados *a priori* en la mente». Con ellos le damos al material sensorial de nuestro conocimiento una determinada estructura. Si nos referimos en el pensamiento al material dado en nuestra sensibilidad, nos referimos siempre a algo que es espacial y temporalmente determinable. Con su doctrina del espacio y del tiempo, Kant sienta las bases de su idealismo trascendental: nunca conocemos las cosas tal y como pueden estar hechas en sí mismas. Las conocemos siempre tal y como se nos aparecen. Este aparecerse no es, sin embargo, una ilusión, sino una experiencia determinada por leyes apriorísticas.

La lógica trascendental

Que la metafísica es un campo de batalla no puede ser una casualidad. La razón pura se eleva de acuerdo con su propia naturaleza sobre las condiciones de nuestra experiencia y exige saber si Dios existe, la voluntad es libre y el alma una substancia inmortal. Pregunta por las condiciones primeras o últimas de lo condicionado empíricamente, esto es, por lo incondicionado. Eso no puede ir bien. Cae en una antitética, en un conflicto dialéctico consigo misma. Kant lo llama la «antinomia de la razón pura». La tesis de la antinomia parece estar tan bien fundamentada como la tesis opuesta. Si no queremos entregar la razón pura a los escépticos, Kant tiene que conseguir neutralizar la antinomia. Y justo esto es lo que él reclama que hace al mostrar el origen, alcance y límites de nuestro conocimiento. Tenemos que ser humildes. Los objetos de la metafísica (Dios, libertad e inmortalidad) son solo ideas (conceptos de la razón) que, si bien es cierto que pensamos, no somos capaces de conocer formalmente en su objetividad con los medios de la razón teórica (especulativa). En cambio, la situación es muy distinta en el plano del entendimiento. Sus conceptos (categorías) tienen un significado objetivo porque (y cuando) se refieren a nuestras intuiciones sensibles. El ser humano es el legislador de la naturaleza. Los juicios sintéticos *a priori* son posibles y reales, aun cuando nunca podamos conocer si nuestra alma es una sustancia, la voluntad es libre y Dios existe. Kant llama a la ciencia aplicada en la *Crítica*, que determina «el origen, el alcance y la validez objetiva» de nuestro pensamiento y comprensión apriorísticos, la «lógica trascendental».

Apostilla. John Locke (1632-1704)

El filósofo y político inglés John Locke ejerció con sus escritos epistémicos, políticos y pedagógicos una influencia determinante en los debates de su época. Es uno de los creadores de la moderna concepción de los derechos humanos. En su *Ensayo sobre el entendimiento humano* (1690) se ocupa de «el origen, la certeza y el alcance del conocimiento humano». Kant retoma el programa de Locke, no sin sustituir la fisiología empírica del entendimiento humano de este por su «crítica trascendental».

Los conceptos del entendimiento

El entendimiento es «una facultad para juzgar». En el juicio se establece una conexión entre sujeto y predicado. Solo pueden ser verdaderos o falsos los juicios (proposiciones, enunciados), no las palabras individuales o conceptos. Si analizamos la forma lógica del juicio reconocemos que todo juicio expresa una determinada cantidad (general, singular, particular), una cualidad (afirmativa, negativa, indefinida), una relación (categórica, hipotética, disyuntiva) y una modalidad (problemática, asertórica, apodíctica). Las funciones lógicas del pensamiento, sin embargo, no solo proporcionan en un juicio unidad a unas representaciones cualquiera. Ejercen esta función también con respecto a las diferentes representaciones de nuestra intuición sensible. Kant llama «síntesis» a esta unidad ejercida por el entendimiento bajo la función, fundamental para nuestras representaciones, de los conceptos del entendimiento (categorías). Si queremos conocer un objeto tenemos que poner las representaciones dadas en nuestra sensibilidad (espacio y tiempo) bajo la unidad del pensamiento.

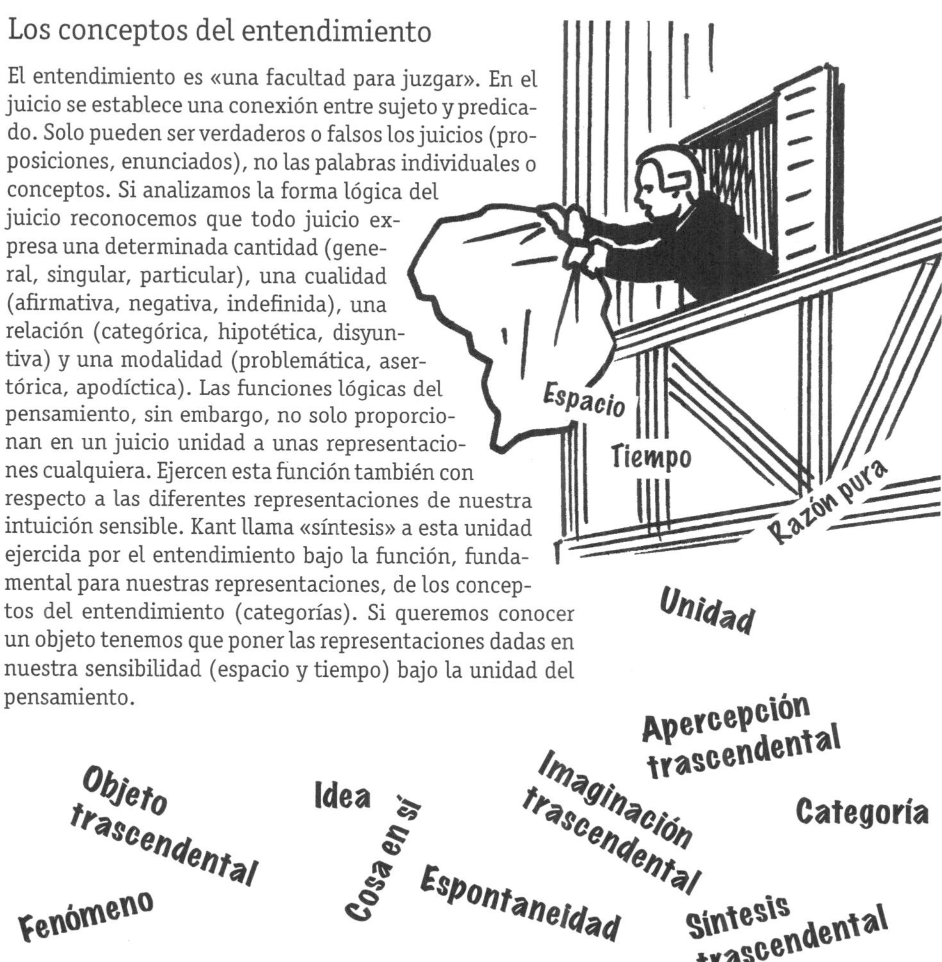

La deducción de los conceptos puros del entendimiento

En uno de los razonamientos más complejos de la *Crítica*, en la «deducción trascendental de los conceptos puros del entendimiento», Kant intenta afrontar la tarea que ya en 1772 había expuesto en su carta a Herz como decisiva para la metafísica: ¿En qué relación está el concepto con el objeto? Las categorías deben, como él escribe en la *Crítica*, «ser conocidas como condiciones *a priori* de la posibilidad de las experiencias... Conceptos que abandonan la causa objetiva de la posibilidad de la experiencia son por ello justamente necesarios». Al final de la deducción, el uso constitutivo de la experiencia de las categorías está justificado: «No podemos pensar ningún objeto si no es mediante las categorías; no podemos conocer ningún objeto pensado si no es mediante intuiciones que correspondan a aquellos conceptos». Para nosotros «no es posible un conocimiento *a priori,* a no ser únicamente de objetos de una experiencia posible». Si no referimos las categorías a intuiciones, estas representan meras formas de pensamiento.

Filosofía trascendental

La filosofía de Kant es filosofía trascendental. En su versión acabada debe ser un sistema de conceptos trascendentales que convierte en razonable la posibilidad de conocimientos trascendentales. Trascendental es un conocimiento «que se ocupa no tanto de objetos como de nuestra manera de conocer los objetos en la medida en que ella ha de ser posible *a priori*». Kant emplea la palabra «trascendental» para designar aquellas facultades (o su uso) sin las que no podríamos obtener ningún conocimiento trascendental. Estas facultades no pueden ser empíricas, justamente porque siempre afectan a la posibilidad de nuestro conocimiento empírico. Si solo se permitiera un uso empírico de nuestras facultades tendríamos que dejar de lado los escritos de Kant y decantarnos por filósofos como Locke o Hume. No puede confundirse «trascendental» con «trascendente». La filosofía trascendental muestra precisamente que no se puede obtener ningún conocimiento trascendente de Dios, los espíritus o sucesos sobrenaturales.

Apercepción trascendental

La filosofía trascendental es la filosofía de la autoconciencia. Junto a la autoconciencia empírica hay una autoconciencia trascendental que Kant llama «apercepción trascendental», pura u originaria. Es el punto más elevado de la filosofía trascendental. Sin ella no existiría la necesaria unidad de la experiencia. Es un acto de la espontaneidad, que produce la representación «yo pienso». En un célebre pasaje de la segunda edición de la *Crítica*, Kant se pronuncia sobre la relación entre el acto del «yo pienso» y nuestras representaciones dadas receptivamente. Dejemos que surta efecto en nosotros: «El *yo pienso* tiene que poder acompañar todas mis representaciones, pues, de lo contrario, sería representado en mí algo que no podría ser pensado, lo que significa tanto como decir que la representación sería o bien imposible o, al menos, no sería nada para mí... Así, la multiplicidad de la intuición tiene una referencia necesaria al yo pienso en el mismo sujeto». Si nos fueran dadas representaciones que no pudieran ser puestas bajo la unidad de la apercepción trascendental, tampoco nos afectarían. No serían parte de nuestro mundo empírico.

Autoconciencia y autoconocimiento

En sus *Meditaciones metafísicas* (1641) el filósofo francés René Descartes (1596-1650) afirma poder colocar la metafísica sobre una base firme. Muestra que la duda sobre la existencia de todo y de todos, realizada con una intención metódica, demuestra de un modo fiable la existencia de uno mismo. Quien duda piensa, y quien piensa existe. Agradecidos, los filósofos toman la argumentación de Descartes e intentan (hasta el día de hoy) refutarla con las reflexiones más ingeniosas o declararla absurda. Los problemas comienzan con la comprensión exacta de la tesis de Descartes. ¿Quería afirmar que la propia existencia está dada en la consumación del pensar? *(Ego cogitans existo.)* ¿O quería deducir del pensamiento la existencia? *(Cogito ergo sum).* Kant entiende a Descartes en el sentido de la segunda interpretación. Pero esto, en realidad, no tiene importancia alguna. Mucho más significativo es que, en su opinión, todos los metafísicos que están en la tradición de la filosofía de la conciencia cometen un grave error: no tienen en cuenta la diferencia entre autoconciencia y autoconocimiento. Es cierto que el pensamiento contiene «en sí la frase yo existo». Pero de esto no se desprende que el yo exista como sustancia. En la «síntesis trascendental de lo múltiple de las representaciones» soy consciente de mí, «no como yo me aparezco ante mí, ni como soy en mí mismo, sino solo que soy». Con esta exangüe existencia no se puede crear ningún Estado en el reino de la metafísica de la sustancia.

Los tres modos de autoconocimiento

Si nos queremos conocer debemos definir nuestra existencia. Podemos definir nuestra existencia, en primer lugar, como un objeto del sentido interno, cuya forma es el tiempo. Nos conocemos entonces en el ámbito de la psicología empírica. O, en segundo lugar, como un objeto del sentido externo, cuya forma es el tiempo. Esto sucede, por ejemplo, en el ámbito de la antropología y de la medicina. Ambos modos de autodeterminación conducen a un conocimiento de nuestro yo como fenómeno, en ningún caso como sustancia anímica. Sin embargo, probablemente podamos definirnos, en tercer lugar, como un ser libre y que existe en el mundo inteligible. Pero sobre este tercer modo del autoconocimiento hablaremos más tarde. Está incluido en el campo de la filosofía de la libertad.

Los principios sintéticos *a priori* del entendimiento

En opinión de Kant, nada nos resulta más extraño que el pensamiento de que los conceptos puros del entendimiento «prescriben a los fenómenos, por consiguiente, a la naturaleza como suma de todos los fenómenos… leyes *a priori*… No podemos pensar ningún objeto si no es mediante las categorías; no podemos *conocer* ningún objeto pensado si no es mediante intuiciones que corresponden a aquellos conceptos». Pero así mismo sucede. Una vez la realidad objetiva de las categorías ha sido justificada, también podemos encontrar los principios sintéticos *a priori* que representan las leyes fundamentales de la naturaleza. Se derivan, por su parte, de un principio fundamental. Este principio fundamental expresa que todo objeto está «bajo las condiciones necesarias de la unidad sintética de lo múltiple de la intuición en una posible experiencia». Las «condiciones de *posibilidad de la experiencia*» son «al mismo tiempo condiciones de *posibilidad de los objetos de la experiencia,* y tienen por ello validez objetiva en un juicio sintético *a priori*». El más conocido de todos los principios sintéticos *a priori* se refiere a la relación entre causa y efecto. Kant lo llama «segunda analogía de la experiencia». «Todos los cambios suceden según la ley de la relación de causa y efecto». Se trata de una ley, y no de un principio en vigor altamente probable (como opinaba Hume). Por consiguiente, Hume se podría haber ahorrado sus reflexiones críticas sobre la credibilidad de los informes de milagros. Las causas sobrenaturales son también parte de nuestro mundo empírico. Para nosotros no son nada.

El sociólogo, filósofo y crítico cultural Georg Simmel (1858-1918)

Apostilla. Hermann Cohen (1842-1918) y el neokantismo de Marburgo

En Marburgo, Hermann Cohen, el primer profesor judío en una cátedra de filosofía en Alemania, funda una escuela del kantismo que brilló internacionalmente. Cohen lee la *Crítica* de Kant como una teoría de la experiencia. En el «método trascendental» la filosofía debe investigar las condiciones de posibilidad del «*factum* de las ciencias». Por el «Kant metafísico» Cohen apenas se interesa. Uno de sus discípulos es Ernst Cassirer (1874-1945), a quien se le impide suceder a su maestro en la cátedra por ser judío.

Un libro para los maestros

Que la *Crítica* no iba a ser un «libro para el pueblo», Kant lo tiene claro desde el principio. Él no quiere escribir un libro para alumnos, sino para maestros en el reino de la sabiduría. Quizá dos o tres colegas están en la situación de entender el sentido profundo de su texto y tendrán la voluntad de ponerse a elaborar junto con Kant la metafísica crítica. Pero uno, el filósofo Christian Garve (1742-1798) escribe una recensión del libro más que dudosa. Otro, Johann Nikolaus Tetens (1736-1807) interrumpirá pronto su carrera académica en Kiel para inspeccionar diques. Y el tercero en discordia, el filósofo judío Moses Mendelssohn, se declarará incapaz de leer textos especulativos a causa de una debilidad nerviosa. La *Crítica* la conoce solo a través de los informes de terceros. Decepcionado, Kant anota: «estos hombres excelentes tienen miedo de trabajar en un desierto de arena».

Mendelssohn creció (como Kant) con la filosofía de Leibniz y Wolff. Es uno de los filósofos alemanes más importantes tras Wolff y Kant. A Kant, con el que mantiene un lazo de amistad, lo encuentra en 1777 en Königsberg. En sus *Morgenstunden* [Horas de la mañana] (1785) confiesa que en el plazo de una década los tiempos se han vuelto contra su modo de filosofar. Por una parte, ahora está Kant, «que todo lo machaca», que «ojalá construya de nuevo con el mismo espíritu con el que ha derribado». Por otro parte, una filosofía que apenas se merece ese nombre. «Sé que mi filosofía no es la filosofía de estos tiempos. La mía aún tiene demasiado olor a esa escuela en la que me he formado y que en la primera mitad de siglo quería dominar quizá de manera demasiado arbitraria. El despotismo de todo tipo provoca oposición. Desde entonces, la reputación de esta escuela ha disminuido mucho... Las mejores mentes de Alemania hablan últimamente de toda especulación desechándola con desdén. Insisten continuamente en hechos, se atienen a la evidencia de los sentidos... Al final, el espíritu se acostumbra tanto a palpar y mirar que no considera nada real más que lo que es posible tratar de este modo». Para Kant esto, evidentemente, no es cierto.

El frío aliento de la crítica

Mendelssohn puede no haber leído la *Crítica* de Kant, pero Kant sí que lee a Mendelssohn. En 1785, este le envía un ejemplar de las *Morgenstunden,* sabiendo perfectamente que las opiniones que se defienden en su libro son incompatibles con la *Crítica.* ¿Y Kant? Considera las *Morgenstunden* «en lo principal una obra maestra del engaño de nuestra razón». Son el «último legado de una metafísica dogmatizante». En su artículo *¿Qué significa orientarse en el pensamiento?* (1786), ajusta las cuentas una vez más con esta clase de filosofía: si le concedemos «a la razón pura, con su uso especulativo, la facultad de extenderse más allá de los límites de lo sensible hasta el discernimiento, ya no será posible restringirla únicamente a este objeto; y no bastará que encuentre entonces un vasto campo abierto para todo delirio; es capaz de decidir incluso mediante sofisterías sobre la posibilidad de un ente supremo (según aquel concepto que utiliza la religión)».

¿Una nueva prueba de inmortalidad?

En la segunda edición de la *Crítica*, o sea, tras la muerte de Mendelssohn, Kant cita en forma de una «Refutación de la prueba de Mendelssohn de la permanencia del alma» un nuevo ejemplo de la insostenibilidad de la filosofía dogmática. En su *Fedón, o sobre la inmortalidad del alma* (1767) Mendelssohn se había, según Kant, «atrevido a demostrar que un ente simple no podía dejar de ser». Kant sostiene, por el contrario, que el ente pensante es, desde el punto de vista lógico, simple. Yo, como ente pensante, soy consciente de mi simplicidad e identidad numérica en el tiempo. Pero de aquí no se desprende de ningún modo que yo sea una sustancia anímica inmortal. Mi conciencia conoce grados. También puede disolverse por completo. Si no se dan representaciones en mi sensibilidad que yo pueda unir en mi pensamiento, tampoco puedo llegar a ser consciente de mi propia existencia. Entonces ya no soy más; con una mirada decidida, Kant guía a la vieja dama metafísica desde el reino del pensar sustancial al jardín de la razón pura, en el que no tolera ningún alborotador.

Sobre el necesario fracaso de todas las demostraciones de la existencia de Dios

La demostración de la existencia de Dios es el amor finalizado de los filósofos. Los más inteligentes e ingeniosos han intentado resolver el enigma de cómo la existencia de Dios, la primera causa de todo ser, el ente más perfecto, puede ser demostrada por nuestro pensamiento. Sería la coronación del uso de la razón humana. Hoy el amor se ha enfriado. Es raro encontrar a algún filósofo que se interne con buen ánimo en este terreno. Las objeciones son abrumadoras. Si en 1763 Kant publicaba un escrito al que dio el esperanzador título de *La única evidencia posible para una demostración de la existencia de Dios,* en 1781 es de la opinión de que todas las demostraciones de la existencia de Dios realizadas desde la perspectiva de la razón especulativa tienen que fracasar necesariamente. Se basan en una hipótesis indemostrable: que la razón pura puede sobrepasar los límites de nuestra experiencia. Pero precisamente esto es lo que no puede hacer. Podemos pensar lo que queramos, pero si queremos comprender algo debemos referirnos a objetos que nos sean dados en nuestra intuición. Punto.

La esperanza es lo último que muere

Aunque Kant diagnostica el fracaso de todas las demostraciones de la existencia de Dios realizadas desde la razón especulativa, no se manifiesta despectivamente sobre ellas y sus portavoces. Si la razón pura no tuviera ningún interés en el conocimiento de lo incondicionado o absoluto, seguramente los seres humanos no habrían sido tan obstinados en su intento de demostrar la existencia de Dios. El ansia de comprender lo incondicionado tiene raíces profundas en nuestra razón pura. Así, la lectura de la *Crítica* tiene un efecto terapéutico: nos protege de esperanzas desmesuradas. Pero Kant no sería Kant si no tuviese una sorpresa que ofrecer. En la *Crítica de la razón pura* presenta una novedosa demostración de la existencia de Dios: la práctica-moral. Cuando Heinrich Heine (1797-1856) especula sobre los motivos de los filósofos de Königsberg, encuentra rápidamente la solución: el sirviente de Kant, Martin Lampe. «El viejo Lampe tiene que haber tenido un Dios; de otro modo no habría podido ser feliz —pero el ser humano debe ser feliz en el mundo—; esto es lo que dice la razón práctica». Volveremos sobre este asunto.

Las tres demostraciones de la existencia de Dios

Según Kant, solo hay tres caminos para demostrar la existencia de Dios con los medios de la razón especulativa: (1) La «demostración físico-teológica» parte de las características particulares de nuestro mundo sensible. Del orden del mundo deduce una causa primera inteligente. Esta demostración también es llamada la demostración teleológica de la existencia de Dios o el «argument from design». (2) La «demostración cosmológica» parte de la existencia de algún objeto dado en nuestra experiencia y pregunta por su primera causa. Dios es la causa no causada de todo ser. (3) La «demostración *ontológica*» deduce del concepto de Dios su existencia. Mientras que las dos primeras demostraciones parten de una experiencia, la tercera es conducida *a priori*: el «concepto de un ente absolutamente necesario» contiene en sí su existencia, porque de otro modo no sería el concepto de un «ente absolutamente necesario». Si Dios no existiese, no sería perfecto. Pero es perfecto. De lo contrario, no sería Dios. ¡Pensar puede ser así de fácil!

La crítica a la demostración ontológica de la existencia de Dios

La crítica de Kant a la demostración ontológica de la existencia de Dios no es original, pero sí incuestionable. La demostración presupone que ser es un «predicado real», es decir, un concepto de algo que se puede añadir al concepto de una cosa. Piensen en un unicornio: un unicornio es un ser semejante a un caballo con un cuerno largo y puntiagudo en la frente. No tiene aletas; a diferencia del pegaso, tampoco puede volar. Para disgusto de muchas niñas y algunos niños, no hay, sin embargo, unicornios. ¿Cómo lo sabemos? Porque todavía no hemos visto ninguno. Sin embargo, si viéramos un unicornio no le atribuiríamos a este un nuevo predicado de «existencia». Simplemente diríamos: «¡Mira, hay un unicornio en el prado!». Algo parecido sucede según Kant con el concepto de un ser superior: «Si pienso una cosa con los predicados que yo quiera y por cuantos predicados quiera, no porque yo añada "esa cosa es" se le añade a la cosa lo más mínimo». No hay ninguna diferencia en el concepto entre cientos de táleros reales y cientos posibles. La diferencia entre sueño y realidad es creada por la experiencia. Ella sola decide si mi monedero está lleno. Por desgracia.

La causalidad a través de la libertad

La razón pura ansía conocer las condiciones fundamentales de todo conocimiento condicionado empíricamente; y cae en una contradicción consigo misma. En la denominada tercera antinomia de la *Crítica* se tematiza la libertad. Por un lado, la razón pura confirma los resultados de la deducción y del capítulo de los principios: todo «en el mundo sucede únicamente conforme a las leyes de la naturaleza». Si no fuera así, no habría una interrelación necesaria de nuestra experiencia. Los acontecimientos podrían suceder también sin causas que los provocaran. Esto parece absurdo. Pero por otro lado, la razón pura justifica otro tipo de causalidad, que Kant llama «causalidad por la libertad». «La causalidad conforme a las leyes de la naturaleza no es la única de la cual se pueden derivar en su conjunto los fenómenos de la naturaleza. Aún es necesario aceptar una causalidad por libertad para explicarlos». ¿Por qué es necesario? La tesis de Kant, que resulta paradójica, dice: porque en caso contrario la causalidad conforme a las leyes naturales sería incompleta. Las explicaciones causales llevan aparejada la pretensión de perfección. Si no hubiese una causa primera sería inevitable una regresión infinita en la explicación de los eventos naturales. Kant llama a esta causa primera la «espontaneidad absoluta de las causas» o también la «libertad trascendental». Por medio de ella dan comienzo «una serie de fenómenos que funcionan de acuerdo con leyes naturales, *por sí solos*».

¿Libertad o fatalismo?

Kant desarrolla el concepto de la libertad trascendental en el contexto de la pregunta por la causa primera del mundo. En un segundo paso la aplica, sin embargo, al ser humano. Este se imagina como un ente que vive en el mundo, que conforme a su «espontaneidad absoluta» puede iniciar una cadena causal. El ser humano se atribuye una voluntad libre, a consecuencia de la cual sus acciones siempre le son atribuidas (imputadas). La espontaneidad pensada en el concepto de la libertad es absoluta, porque ella (a diferencia de la espontaneidad del pensamiento) no se encuentra condicionada empíricamente por su eficacia. Si el concepto de la libertad trascendental fuese absurdo, contradictorio, imposible, los fatalistas tendrían razón. Nuestro querer estaría sometido a las leyes de la naturaleza.

Idealismo trascendental

La libertad es solo una idea, un concepto de nuestra razón pura. Bajo ninguna circunstancia podremos demostrar formalmente su realidad objetiva con los medios de la razón teórica. Este trabajo nos lo podemos ahorrar. Pero, al menos, la idea no implica una contradicción en el pensamiento. No hay antinomia entre la causalidad por libertad y la causalidad natural. Con el fin de resolver la antinomia, Kant se remite a su teoría del idealismo trascendental, que llama también idealismo crítico o formal. Es la clave para entender toda su filosofía, y aún le traerá muchos disgustos. «Entiendo por idealismo trascendental de todos los fenómenos la teoría según la cual los vemos en su conjunto como meras representaciones y no como cosas en sí mismas, y según la cual el tiempo y el espacio son solo formas sensibles de nuestra intuición, no determinaciones dadas por sí mismas o condiciones de los objetos en cuanto cosas en sí mismas». ¿Qué tiene que ver el idealismo trascendental con la libertad? Si comprendemos las cosas solo como un fenómeno entonces debemos distinguir entre el mundo sensible *(mundus sensibilis)* y el mundo inteligible *(mundus intelligibilis)*. El mundo inteligible es la base del mundo sensible. Si bien es verdad que no podemos conocer el mundo inteligible, sí que podemos pensarlo. La causalidad por libertad es la ley del mundo inteligible.

Libertad e idealismo

Si nos imaginamos como libres, nos imaginamos como seres que a causa de su naturaleza inteligible pueden iniciar en el mundo sensible series causales partiendo de cero. Si tenemos un buen motivo para considerarnos, de hecho, como seres que están provistos de una libertad trascendental, lo responderá Kant en el marco de su filosofía práctica. La respuesta resultará positiva. No solo podemos pensar la idea de la libertad de un modo coherente, hacemos uso de ella con una intención práctica, y esto sin tener que temer a los fatalistas y deterministas.

Forma parte de los aspectos afortunados del idealismo trascendental, que también les niega a ellos la comprensión de las cosas tal y como estas están hechas en sí mismas. La libertad no puede ser demostrada teóricamente, pero su negación tampoco.

El interés de la razón

La razón pura es una facultad extraña. Lejos de ser una «esclava de nuestras pasiones», como David Hume observó una vez de forma provocadora, nos permite interesarnos en su uso teórico y práctico por la respuesta de tres preguntas: «1. ¿Qué puedo saber? 2. ¿Qué debo hacer? 3. ¿Qué puedo esperar?». La primera pregunta es la más teórica, la segunda más práctica y la tercera de naturaleza práctica y teórica al mismo tiempo. Ocasionalmente, Kant añade una cuarta pregunta que incluiría las tres primeras preguntas: «¿Qué es el ser humano?». El interés de nuestra razón no se agota en una teoría de la experiencia. Si Kant habla del interés de la razón piensa en la razón en el sentido estricto del término, esto es, sin contar con el entendimiento. El pensamiento de que la misma razón se pudiese interesar en algo no se encuentra en los principales representantes de la metafísica moderna. Christian Wolff probablemente habría torcido los ojos. Kant tiende a interpretar la *Crítica de la razón pura* como respuesta a la primera pregunta y la *Crítica de la razón práctica* como respuesta a la segunda y en parte también a la tercera. Pero en realidad esto es solo una orientación aproximativa. Incluso en la *Crítica del juicio* (1790) se pronuncia sobre las cuatro preguntas.

Apostilla. Christian Wolff (1679-1754) y la *Schulphilosophie*

Christian Wolff es profesor en Halle entre 1706 y 1723. Entra en una feroz disputa con los pietistas locales a propósito de sus conceptos de razón y libertad, lo que lo obliga a abandonar Prusia en el plazo de 48 horas so pena de ser ahorcado. No es una experiencia agradable. En 1740 regresa a Halle desde Marburgo. Durante décadas, la denominada *Schulphilosophie* de Leibniz y Wolff domina todos los debates cultos de la época. El término sugiere una uniformidad que no existió como tal. Y, no menos importante, nivela importantes diferencias entre Gottfried Wilhelm Leibniz (1746-1716) y Wolff. Kant les debe mucho a estos dos filósofos. Como numerosos filósofos de su generación, intentó emanciparse de esta filosofía asumiendo las propuestas procedentes del entorno de la filosofía británica y francesa más recientes.

La piedra de toque de la consideración de verdad

¿En qué indicio reconozco la verdad de mi juicio? El carácter indirecto del juicio tiene una gran importancia. «La verdad... se basa en la correspondencia con el objeto, y, consiguientemente, los juicios de cualquier entendimiento relativos a ese objeto deben coincidir... El criterio para saber si la consideración de verdadero es convicción o mero convencimiento es, así, externo, la posibilidad de comunicarlo y de encontrar la consideración de verdadero válida para toda razón humana». Es cierto que la aprobación de mi juicio por parte de los otros no hace mi juicio verdadero. Pero hay «al menos una suposición de que la causa de la concordancia de todos los juicios residirá, a pesar de la diversidad de los sujetos entre sí, en la base común, es decir, en el objeto con el que, por tanto, todos concuerdan, demostrando así la verdad del juicio». La razón no es una propiedad con la que el ser humano haya nacido. Debe adquirirse con talento y práctica. Debe demostrarse eficaz en su uso público. Si negamos o renunciamos al uso público de la razón, no nos interesamos por la verdad.

La esfera pública como principio trascendental del derecho

En su escrito *Sobre la paz perpetua* (1795), Kant amplía el concepto de esfera pública. Así como cada persona particular debe someter el uso de su razón a un examen público para poder distinguir claramente entre convicción legítima y convencimiento meramente subjetivo, Kant propone una fórmula trascendental negativa y otra positiva. La fórmula negativa dice: «Son contrarias al derecho todas las acciones que se refieren al derecho de otras personas cuyas máximas no admitan publicidad». La fórmula positiva reza así: «Todas las máximas que necesiten de la publicidad (para no fracasar en sus propósitos) concuerdan con el derecho y la política a la vez».

Metafísica y crítica

«Siempre ha habido alguna metafísica en el mundo, y probablemente la seguirá habiendo, pero con ella también habrá una dialéctica de la razón pura, porque le es natural. Es, por consiguiente, el primer y más importante asunto de la filosofía, quitarle a ella, de una vez por todas, todo influjo perjudicial, cegando la fuente de los errores». La razón se mostrará una y otra vez por su lado dialéctico. A la crítica no podemos renunciar. Toda época debe ser una época de la crítica. Y que la crítica fracase es inimaginable. La utilidad negativa de la crítica consiste, según la opinión firme de Kant, en ser, mediante la aplicación del «método socrático», un medio eficaz contra las «arrogaciones» de una razón especulativa que se comporta de un modo excesivo, ignorando sus propios límites. La *Crítica de la razón pura* vale lo que cuesta. Ningún *smartphone* puede ser más listo. Quien la ha leído vive más sereno. La lectura matutina del suplemento cultural ya no deja mal cuerpo.

La utilidad positiva de la crítica

Mendelssohn habla del Kant «que todo lo machaca». Pasa con ello por alto la utilidad positiva que Kant asocia con su texto. Con su distinción entre «cosa en sí» y «fenómeno» abre las puertas a la «*ampliación práctica* de la razón pura» en el campo de la libertad, que los materialistas y deterministas declaran, con insolencia, imposible. Para explicar su posición, Kant escoge unas palabras que desde entonces se han citado con frecuencia: «Tuve, pues, que suprimir el saber para dejar sitio a la *fe*, y el dogmatismo de la metafísica, esto es, el prejuicio de que se puede avanzar en ella sin una crítica de la razón pura, es la verdadera fuente de toda incredulidad opuesta a la moralidad, que es siempre muy dogmática». Por supuesto, Kant no quiere «suprimir» *todo* nuestro saber. Se refiere exclusivamente al supuesto «saber» de la Schlumetaphysik sobre Dios (teología), alma (psicología empírica y racional) y mundo (cosmología).

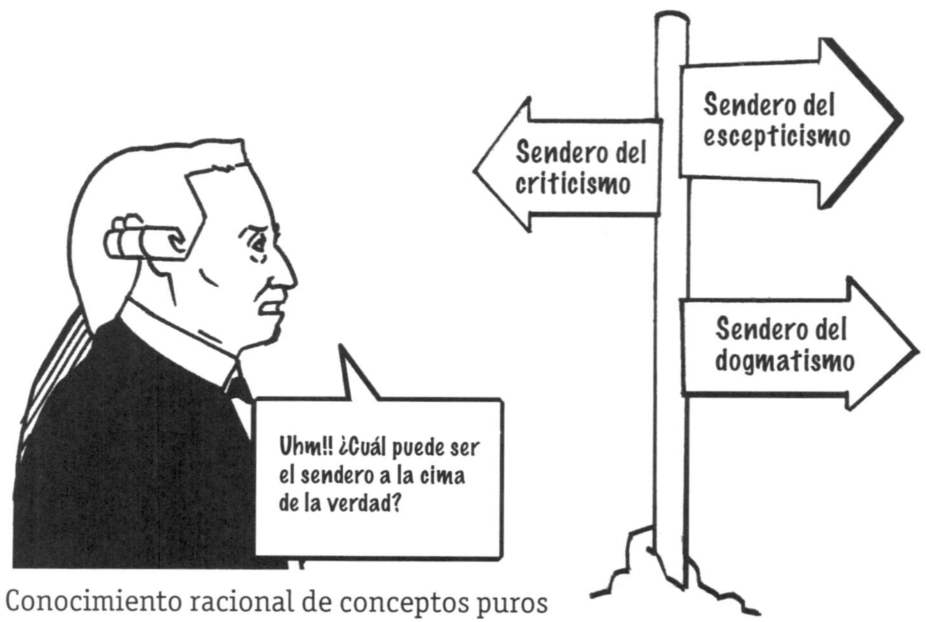

Conocimiento racional de conceptos puros

La razón pura no puede oírse, saborearse, sentirse, palparse. Tampoco podemos olerla. La razón pura es el estado de cosas de nuestro pensamiento. Tiene que juzgarse a sí misma. Debe ser crítica, debe ser reflexiva. La razón pura es el poder legislativo, judicial y ejecutivo en uno. Difícil. Kant describe la filosofía como «conocimiento racional de conceptos puros». Este tipo de conocimiento no puede ser producido metódicamente. Más bien se desarrolla en la historia, encuentra su expresión en los diferentes edificios metafísicos que han sido levantados en su honor. Depende de casualidades afortunadas y de una mente brillante, en la que la razón sea capaz de jugar con fuego a su debido tiempo. Que la razón pura debe tener una historia es una observación extraña. Después de todo, no está sometida, en absoluto, al paso del tiempo. La razón pura es (como la voluntad pura) parte del mundo inteligible. Así, el discurso de la historia de la razón pura solo puede referirse a sus formas de expresión. Nuevas ideas han originado «revoluciones» en el reino de la metafísica. Los detalles no son importantes para Kant. No le interesa la fidelidad histórica, no quiere escribir una historia de la filosofía, sino más bien hacer plausible que la razón pura alcanza su plenitud en una metafísica fundamentada críticamente.

El camino crítico

En la historia de la filosofía se puede reconocer una sucesión de método dogmático, escéptico y crítico. «Si aquí menciono con respecto al primero al famoso Wolff, y en el relación con el segundo a David Hume, puedo, de acuerdo con mi intención actual, dejar el resto sin mencionar. El camino crítico es el único que sigue abierto». La primera *Crítica* finaliza con una invitación personal de Kant a sus lectores a recorrer este camino en su «compañía», y junto con él ensanchar antes de que «termine el presente siglo» el sendero, para convertirlo en una carretera ancha. Hoy sabemos que unos cuantos aceptaron la invitación, que algunos la entendieron mal, y que no se ha convertido en una carretera ancha. De vez en cuando, algunos se encuentran para urdir nuevos planes.

El problema fundamental de la ética

En el otoño de 1784 Kant acaba el manuscrito de un pequeño libro, cuya temática lo ha inquietado más de 20 años: la *Fundamentación de la metafísica de las costumbres*. Por fin consigue resolver el gran problema de la ética (doctrina moral) de acuerdo con su propia expectativa. ¿Cómo se puede entender la relación que la voluntad libre tiene con la ley? En esta pregunta se habían dejado los dientes generaciones de filósofos. La respuesta de Kant se presenta por una parte, como cabría esperar, en el lenguaje de la filosofía práctica universal, una disciplina que Christian Wolff había fundado a principios del siglo XVIII. Por otra parte, Kant se muestra como su crítico más enérgico. Wolff y sus seguidores cometieron varios fallos decisivos. En primer lugar, partieron de que la ética giraba en torno al concepto de la felicidad. En segundo lugar, identificaron la voluntad con el entendimiento o con la razón (la voluntad sigue la visión del entendimiento). Y en tercer lugar, pasaron por alto que la ética no puede fundamentarse en la experiencia. Como la mayor parte de los filósofos morales influidos por Leibniz y Wolff, Kant parte de que la ética gira alrededor del concepto de la necesidad práctica. Pero la necesidad práctica no puede ser empírica, sino que tiene que fundamentarse única y exclusivamente en conceptos de la razón pura. Esto es: la razón pura debe entenderse como causa de una «necesidad absoluta», que ata (obliga) a nuestra voluntad libre. La voluntad es obligada por una ley cuyo origen es la razón pura.

Apostilla. La filosofía práctica universal

Wolff define la filosofía práctica universal en su ética alemana de 1720 «como la ciencia afectiva y práctica de la dirección de las acciones libres por medio de las reglas más universales». Es una clase de teoría de la acción en la que se definen los conceptos fundamentales (máxima, ley, compromiso, obligación, voluntad libre, imputación, conciencia, etc.) de nuestro querer. En su opinión, la necesidad a la que nuestra voluntad libre está sometida se deriva del conocimiento racional del bien y del mal. Quien conoce el bien, también lo procura. De acuerdo con su razón, el ser humano es «él mismo una ley».

Máximas y leyes

El ser humano es un ente racional que se puede definir a través de las representaciones de reglas o principios para el obrar. Kant denomina estas reglas «máximas» (como antes de él Wolff y otros muchos filósofos). Nos creamos máximas (reglas superiores) porque a través de su observación esperamos satisfacer nuestras inclinaciones a medio y largo plazo. Las inclinaciones son deseos que se han convertido en hábito para nosotros. Las máximas presuponen la reflexión (del lat. *deliberatio*), la capacidad de establecer valorativa y críticamente una relación con sus distintos deseos e inclinaciones. ¿Qué es importante en mi vida? ¿Qué metas me gustaría alcanzar? ¿En qué veo mi felicidad personal? Es cierto que a Kant no le gustaría poner en duda que también estamos inclinados a hacer el bien a las otras personas. Pero puesto que se trata de nuestras inclinaciones, su satisfacción siempre es interesada, subjetiva, casual. Las máximas que se fundan en ellas pueden ser aceptadas por todas las personas, pero nunca alcanzan a causa de su base inestable y ambigüedad conceptual el estatus de una ley. Pues una ley es una regla que es válida necesariamente. Las leyes prácticas son reglas que son válidas necesariamente para todos los seres que están bendecidos con una razón pura y una voluntad libre. El fundamento de la ley es la razón pura. Desde esta perspectiva podemos contemplar y debemos preguntarnos si nuestras máximas alcanzan la calificación de reglas que son válidas para todos los seres racionales.

Ente de razón, no un simple ente racional

El ser humano es un ente capaz de moralidad porque no solo dispone de una razón práctica, sino también de una razón práctica *pura*. El ser humano no se contempla simplemente como un «ente racional» que forma parte de la naturaleza, sino también como un «ente de razón». Únicamente la razón pura lo capacita para juzgar mediante los conceptos puros de la razón las representaciones empíricas de la vida buena empaquetadas en máximas.

La ley moral y la libertad

En su búsqueda de felicidad, de la satisfacción de sus inclinaciones, el ser humano está sometido a las leyes de la naturaleza. Como ente de razón puro, sin embargo, puede determinarse a través de conceptos para el obrar que son *a priori*. Aquí Kant recurre a una teoría del idealismo trascendental: el ser humano debe contemplarse como ser que es al mismo tiempo ciudadano del mundo sensible y del inteligible. Puesto que la razón pura es la fuente de los conceptos *a priori*, nos proporciona la ley. Nos exhorta a obrar como seres humanos solo de acuerdo con aquellas máximas que son razonables. Razonables en el sentido de que la razón pura es una regla precisamente cuando cumple una determinada función. ¿Cuál podría ser esta? La ley es la ley de una voluntad libre, no su aniquilación. Si la voluntad siguiese las inclinaciones, en concreto aquellas que resultan de su sensibilidad, entonces se dejaría determinar por la legislación de la naturaleza. Estaría bajo la ley de la heteronomía. Sería una voluntad determinada por otros. El ser humano obraría de un modo heterónomo. Kant está de acuerdo con la mayoría de sus contemporáneos en que no puede haber libertad sin ley. Que esta ley, sin embargo, tenga un origen en la razón pura es una idea que antes de Kant no formuló ningún filósofo. El mismo ser humano se da la ley de acuerdo con su razón.

Los dos significados de la autonomía

Christian Wolff se había acercado bastante a la posición de Kant. En su opinión, la razón es «la maestra de la ley de la naturaleza». Para conocer esta ley debemos estudiar la naturaleza (sin olvidar la del ser humano en la psicología y en la antropología). Kant rechaza esta idea. Encontramos la ley moral en la razón pura, no en la naturaleza. Que la autonomía, la autolegislación sea el principio de la moral, no indica sin embargo, según Kant, que el ser humano también siga realmente este principio. Como ente autónomo, según la naturaleza de su razón, tiene la libertad de dejarse determinar por sus inclinaciones para obrar (obrar de un modo heterónomo). Esta libertad, tanto para la autonomía como para la heteronomía, representa un significado especial del concepto de «autonomía» (autonomía como autodeterminación libre y sin ley).

Libertad como arbitrariedad

La libertad es un concepto ambiguo con muchas caras. La libertad sin ley es, según lo entiende Kant, arbitrariedad. Es cierto que la voluntad libre se encuentra bajo la legislación de la razón pura y de la naturaleza, pero precisamente por esta razón también posee la libertad de decidirse por una u otra legislación para obrar. Por qué el ser humano se decide en el uso de su libertad por una u otra excede, según la firme convicción de Kant, nuestra capacidad de conocimiento. Si intentáramos dar una explicación tendríamos que referirnos a un principio causal, esto es, o bien a la causalidad por libertad o a la causalidad natural. Fuese cual fuese la elección que hiciésemos, negaríamos el fenómeno. Una causalidad no puede derivarse de la otra. Puesto que no contamos con una explicación causal, nuestra elección entre bien y mal es casual. Llevamos a cabo una acción porque queremos. Sobre esto no hay nada más que decir.

Obligación y deber

¿Bueno o malo? La diferencia entre virtud y vicio presupone que de la ley moral de la razón pura parte una obligación o deber. Mientras Wolff entiende por obligación (del lat. *obligatio*) el conocimiento del bien, Kant le da a este concepto un nuevo significado. A su juicio, la obligación expresa una coacción que parte de la razón pura. *Debemos* obrar de una manera determinada, aunque a causa de nuestras inclinaciones quizá nos gustaría obrar de otro modo. El deber es el querer de un ente de razón puro que existe al mismo tiempo como un ente natural. Como ente de razón puro queremos obrar necesariamente de acuerdo con la ley de la libertad; como entes naturales debemos hacerlo. A la acción que debemos llevar a cabo a causa de la obligación que parte de la ley moral Kant la llama deber (del lat. *officium*). La razón pura nos obliga a obrar solo de acuerdo con estas máximas, que alcanzan la calificación de una ley universal (válida para todos los seres racionales). ¿Pero cómo podemos conocer nuestros deberes?

El imperativo categórico

La ley moral es el principio de una voluntad racional y al mismo tiempo libre. Forma parte de su concepto, como la suma de los ángulos internos de 180° forman parte del concepto de triángulo. Si el ser humano fuese solo un ente de razón puro, no tendría deseos ni inclinaciones, obraría necesariamente de acuerdo con esta ley. Con esta idea, Kant (como Leibniz y Wolff) rechaza la concepción del voluntarismo teológico: incluso Dios está atado a la ley de la razón. De acuerdo con su propia naturaleza, no puede obrar arbitrariamente. Pero puesto que el ser humano también es, según Kant, un ente natural, es consciente de la obligación de la ley moral en forma de imperativo categórico. En una de sus numerosas formulaciones, este principio dice: «Obra solo de acuerdo con una máxima tal que puedas querer al mismo tiempo que se convierta en una ley universal». Consiguientemente, reconozco mis deberes cuando me pregunto si la regla en la que se basa la acción alcanza la calificación de ley universal. Kant tiene en mente el modelo de legislación política: así como en la sociedad burguesa la ley externa tiene su origen en una legislación en la que, según la idea, participan todos los entes de razón, debo definir mi voluntad (mi arbitrio) solo a través de reglas tales que alcancen la calificación de una legislación universal en un (imaginado) reino de entes dotados de razón (la *volonté générale* de Rousseau). Ocasionalmente, Kant también explica su posición con la imagen de un espectador imparcial: debo juzgar mis máximas como las juzgaría un espectador imparcial.

La buena voluntad

La cualidad moral de nuestra acción se mide en función de la máxima que le sirve de base. Kant defiende una concepción de la ética que de un modo decidido no se ajusta a las consecuencias. Si el valor moral de una acción dependiese de sus consecuencias reales en el mundo sensible, la calidad de nuestro querer dependería de su legalidad. «No hay nada en el mundo, ni tampoco que sea posible pensar fuera de él, que se pudiese considerar bueno sin restricción alguna, excepto una *buena voluntad*». Por supuesto, el simple deseo de ser bueno no implica una buena voluntad.

Por deber, no por obediencia

Nuestras inclinaciones y pasiones (fuertes inclinaciones) forman parte de la facultad de desear. Siempre están unidas al placer y al displacer, pero no son, como tales, deseos. La opinión, formulada con frecuencia en la literatura, según la cual el imperativo categórico se opone a nuestros sentimientos, es sencillamente absurda. Los sentimientos como tales no nos pueden inducir a obrar. La alternativa formulada por Kant es siempre aquella que está entre inclinación y deber. No debemos obrar «por inclinación», sino «por deber». Kant inventa esta formulación, que resulta extraña, para contraponerla al concepto de la obediencia. Quien lleva a cabo una acción «por deber», la realiza por respeto a su moral interna, no por temor a sanciones. Por obediencia solo podemos acatar una ley que no nos hemos dado a nosotros mismos. Hacemos esto por miedo a sanciones o con la esperanza de ser recompensados. Si llevamos a cabo una acción pensando en sus probables consecuencias («por inclinación»), obramos simplemente del modo prescrito por el deber. La acción prescrita por el deber no tiene valor moral interno porque no es realizada por respeto, por deber.

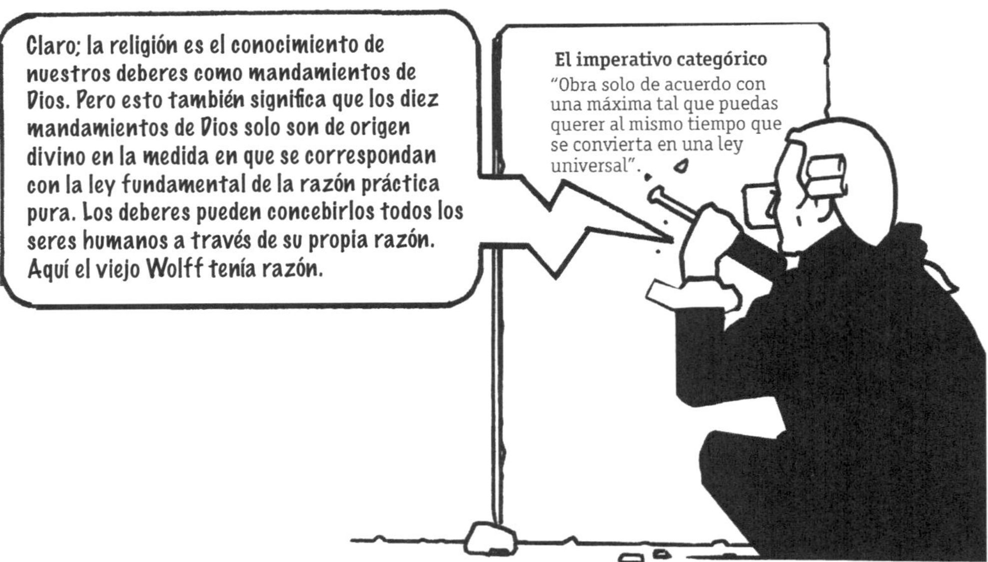

El sentimiento del respeto

El respeto es un sentimiento que la razón pura provoca en nosotros. Ocasionalmente, Kant también lo identifica con la razón pura. No tiene un efecto directamente motivador, pero nos vincula como seres sensibles a la voz de la razón pura. Si no experimentásemos respeto por la ley moral esta nos sería indiferente. No la tendríamos en cuenta en las reflexiones prácticas que preceden al ejercicio de nuestra voluntad. Sencillamente, no la consideraríamos relevante. Con el sentimiento de respeto, Kant intenta salvar el abismo entre la razón pura y la sensibilidad. De los filósofos morales escoceses, Francis Hutcheson (1694-1746), Henry Home [Lord Kames] (1696-1782) y Hume, ha aprendido, en los años cincuenta y sesenta, el significado de nuestra naturaleza sensible para la praxis moral subjetiva. Más tarde le impresiona la *Teoría de los sentimientos morales* (1759), de Adam Smith (1723-1790), que lee en una traducción alemana de 1770.

Precio y dignidad

El imperativo categórico es un principio moral formal. Se guía por el concepto de ley. Si no podemos querer o pensar una máxima como un principio universal debemos desecharla. No obstante, el imperativo categórico también se refiere a un contenido (un fin, una materia). A este contenido alude Kant en la denominada fórmula de la humanidad del imperativo categórico: «Obra de tal modo que utilices a la humanidad, tanto en tu persona como en la persona de cualquier otro, siempre al mismo tiempo como fin y nunca simplemente como medio». El ser humano como ente de razón existe como fin en sí mismo. Tiene dignidad, no tiene precio. Nada en el mundo se puede poner en su lugar. «En el reino de los fines todo tiene un precio o una dignidad. Si algo tiene un precio en su lugar también puede ponerse algo distinto como equivalente; lo que, en cambio, está por encima de todo precio y, por consiguiente, no admite nada equivalente, tiene una dignidad». La moralidad representa la condición «bajo la que solo un ente racional puede ser fin en sí mismo, porque únicamente por ella es posible ser un miembro legislador en el reino de los fines». Si el ser humano no fuese libre no contaría con una razón pura; entonces sería una cosa, algo en lugar de lo que se puede poner otra cosa como equivalente. Una cosa se puede comprar, al ser humano no.

Las dos dimensiones de la dignidad

El ser humano tiene dignidad porque existe como un ser humano puro en el mundo inteligible. Independientemente de cómo use su voluntad libre en el mundo es y sigue siendo un ser al que otras personas deben respetar como persona. No obstante, la dignidad de los seres humanos conoce grados. Se mide en el uso que hace de su voluntad. Nuestro respeto a los criminales es menor que a aquella persona que vence en la práctica sus inclinaciones más infames por respeto a la ley moral. La posición de Kant se basa en una idea profundamente humanista. El peor tirano puede convertirse por su propio discernimiento y por decisión propia en una mejor persona. La opinión propagada por Arthur Schopenhauer (1788-1860), según la cual un criminal sigue siendo siempre un criminal, Kant la habría encontrado detestable.

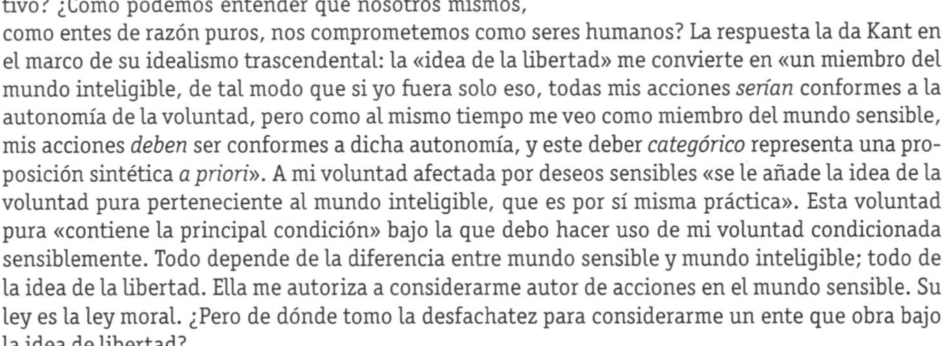

La deducción del imperativo categórico

Si hay deberes, el imperativo categórico es su principio. Es una proposición sintética *a priori,* porque expresa una relación necesaria entre nuestra voluntad sometida a la influencia sensible y la ley de la razón. La ley representa la condición en virtud de la cual nosotros nos podemos pensar como seres que en el uso de su voluntad libre están sujetos a una «necesidad absoluta». Pero ¿cómo es posible este imperativo? ¿Cómo podemos entender que nosotros mismos, como entes de razón puros, nos comprometemos como seres humanos? La respuesta la da Kant en el marco de su idealismo trascendental: la «idea de la libertad» me convierte en «un miembro del mundo inteligible, de tal modo que si yo fuera solo eso, todas mis acciones *serían* conformes a la autonomía de la voluntad, pero como al mismo tiempo me veo como miembro del mundo sensible, mis acciones *deben* ser conformes a dicha autonomía, y este deber *categórico* representa una proposición sintética *a priori*». A mi voluntad afectada por deseos sensibles «se le añade la idea de la voluntad pura perteneciente al mundo inteligible, que es por sí misma práctica». Esta voluntad pura «contiene la principal condición» bajo la que debo hacer uso de mi voluntad condicionada sensiblemente. Todo depende de la diferencia entre mundo sensible y mundo inteligible; todo de la idea de la libertad. Ella me autoriza a considerarme autor de acciones en el mundo sensible. Su ley es la ley moral. ¿Pero de dónde tomo la desfachatez para considerarme un ente que obra bajo la idea de libertad?

Apostilla. Christian August Crusius (1715-1775)

Christian Crusius es catedrático en Leipzig, primero de Filosofía, después de Teología. Es considerado como uno de los más importantes críticos contemporáneos de Kant. Kant no es un seguidor de Crusius. Sobre todo, Kant rechaza (en la linea de Leibniz y Wolff) su idea de que la obligación de la ley moral se funda en la decisión inescrutable de Dios. A pesar de esto, en los textos de Curtius se hallan una serie de conceptos y teorías que para Kant son de importancia. Esto es válido sobre todo para los conceptos de voluntad y de deber. El ser humano tiene la libertad tanto para el bien como para el mal, pero debe hacer el bien.

De la libertad trascendental a la libertad práctica

La libertad es una idea cuya «realidad objetiva es en sí dudosa». Pero es, al fin y al cabo, una idea. En la *Fundamentación* Kant no rompe de ningún modo con la posición de la *Crítica*. No quiere demostrar formalmente la realidad objetiva de la libertad. Pero le gustaría llamar la atención sobre su significado práctico. Este se muestra en el uso práctico que hacemos de esta idea. Tenemos conciencia de una «actividad propia pura» (una «subjetividad pura») por medio de la cual la idea de la libertad alcanza un contenido práctico. Se manifiesta en nuestra pretensión de que se nos atribuyan solo aquellas acciones que nosotros mismos hemos cometido. Esta pretensión demuestra que la razón pura es subjetivamente práctica. «Todas las personas se piensan en cuanto a la voluntad como libres. Por eso todos los juicios recaen en las acciones consideradas como habrían *debido ocurrir*, aun cuando *no hayan ocurrido*. Sin embargo, la libertad no es un concepto de la experiencia, y no puede serlo». Aunque no podemos demostrar su objetividad, en la práctica hacemos uso de ella. De nuevo, Kant recurre a una metáfora jurídica: «Pero la misma pretensión de libertad de la voluntad que tiene la razón humana común se fundamenta en la conciencia y en la admisión de la suposición de que la razón es independiente de causas que la determinan solo de una manera subjetiva, causas que constituyen todas ellas lo que pertenece exclusivamente a la sensación y que se agrupan, por tanto, bajo la denominación de "sensibilidad"». En su inteligencia, en su voluntad libre y determinada por la razón, el ser humano ve su «yo real». A este yo le está destinada toda su atención; a él le está destinada toda su preocupación.

La incomprensibilidad de la razón

Uno de los aspectos más destacados de la filosofía kantiana del imperativo categórico es que con la idea especulativa de la libertad Kant se apoya en una hipótesis cuya realidad objetiva no es demostrable. Puesto que no podemos conocer la libertad de acuerdo con su posibilidad real, tampoco comprendemos la «necesidad absoluta» de las leyes morales (deberes). Y, a pesar de todo, nos imaginamos absolutamente obligados en el querer a través de nuestra propia razón. ¿Por qué? Porque hacemos un uso práctico de la idea de libertad. A ningún ser humano le gustaría ser la pelota con la que juegan la arbitrariedad y la barbarie. A nadie le gustaría ser tratado injustamente.

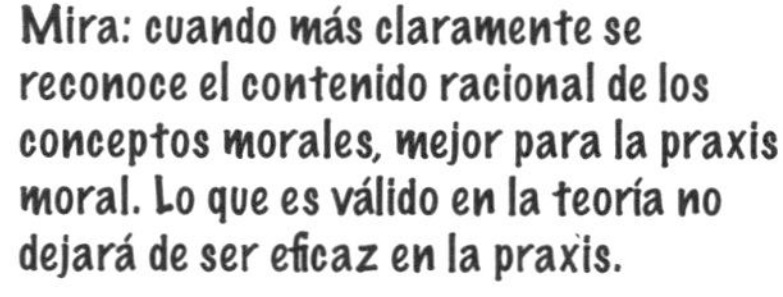

La carta de Sulzer y la respuesta de Kant

En diciembre de 1770, el suizo Johann Georg Sulzer (1720-1779), miembro de la Academia de las Ciencias de Berlín y fiel seguidor de la filosofía de Wolff, desea saber de Kant cuándo podrá contar el mundo científico con la publicación de su «Metafísica de la moral». Al mismo tiempo, Sulzer aborda en su carta un tema que a él mismo le inquieta desde hace años: ¿Por qué tienen las representaciones de la virtud un efecto tan limitado en el obrar real de los seres humanos? Mientras que Sulzer trabaja en el marco de su «miscelánea de doctrina moral» en la popularización de los conceptos de virtud, «que se pueden aplicar sin esfuerzo ni rodeos en la enseñanza y la educación», Kant considera, en 1785, que este es un camino equivocado. Si queremos prestarle un servicio a la virtud debemos conocer la ley moral en toda su «pureza y rigor». Esto solo funciona en el marco de la filosofía pura (no de la empírica). Cuanto más claro se conoce el contenido racional de los conceptos morales, tanto mejor para la praxis moral. Lo que es válido en la teoría, no dejará de ser eficaz en la praxis.

La regla dorada

En el siglo XVIII la regla dorada gozó, como principio moral universal, de una gran popularidad: «No le hagas a otro lo que no quieres que te hagan a ti». Como un ejemplo entre otros muchos se pueden señalar los *Elementos del derecho natural* (1750), un texto redactado por los juristas de Gotinga Gottfried Achenwall (1719-1772) y Johann Stephan Pütter (1725-1807). Kant los toma como base para su curso sobre derecho natural (los catedráticos en Prusia estaban obligados a dar sus cursos de acuerdo con un manual, de tal modo que los estudiantes los pudieran seguir mejor). Kant rechaza la ley dorada como «guía o principio». En primer lugar, se trata, en su caso, de un principio que se deriva de otro. Y, en segundo lugar, esta regla no puede ser una «ley universal» porque de ella no se pueden derivar los deberes perfectos e imperfectos hacia otros. ¿Por qué debía yo tener el deber de hacerle el bien a una persona si por mi parte estuviese dispuesto a renunciar a su ayuda cuando me fuese mal? ¿Por qué no debía de ser razonable para el autor de un delito rechazar el castigo inminente con el argumento de que el juez tampoco lo querría sufrir?

La clasificación de los deberes

El uso del imperativo categórico lleva a reconocer cuatro tipos de deberes, esto es, de acciones a cuya realización la razón pura se compromete a través de la ley moral. Estas acciones tienen la función de proteger la dignidad del ser humano. Kant diferencia entre los deberes hacia uno mismo y hacia otras personas. Deberes especiales frente a Dios tenemos tan pocos como deberes directos frente a la naturaleza animada o inanimada. Nuestros deberes son o bien perfectos (se deben llevar a cabo en cualquier caso) o imperfectos (aquí hay un margen para su aplicación). No obstante, Kant llama la atención sobre el deber que indirectamente tenemos de no maltratar animales: quien maltrata animales encontrará también gusto en cometer crueldades hacia los seres humanos. Están los deberes de hacer algo y los deberes de abstenerse de algo. Así, hacia nosotros mismos estamos obligados a no matarnos (deber perfecto) y a no descuidar nuestros dones naturales (deber imperfecto). Un ejemplo de un deber perfecto hacia otros es la prohibición de hacer promesas falsas. Además, existe el deber imperfecto hacia otros de ayudarlos en la necesidad. En la *Doctrina de la virtud* (1798), Kant expresará su teoría de los deberes de un modo todavía algo más complicado. En ella indica con la felicidad ajena y la propia perfección dos fines fundamentales que la razón pura nos obliga a seguir. Kant los llama «deberes de virtud».

Apostilla. Cicerón y la doctrina estoica de los deberes

El estadista y filósofo romano Marco Tulio Cicerón (106-43 a. C.) es un seguidor de la doctrina estoica de los deberes. Su escrito *De officiis* (Sobre los deberes) ejerce, todavía en el siglo XVIII, una enorme influencia. Según Federico II (1712-1786) se trata del mejor libro «que alguna vez se haya escrito y que jamás se escribirá sobre la moral». Aquí el Rey Grande probablemente se equivocó. Unos pocos años después aparece la *Fundamentación*, que es pensada, también, como crítica de la doctrina estoica de los deberes. No obstante, de haberlo sabido, al rey no le habría gustado. Demasiada especulación, demasiada metafísica, demasiado alemán.

El *factum* de la razón

A finales de 1787 aparece la *Crítica de la razón práctica*. En ella Kant reacciona ante los numerosos aspectos que habían sido criticados en su doctrina del imperativo categórico. Sobre todo su concepto de libertad había dado lugar a muchos gestos de desaprobación. Si la libertad es tan solo una idea de la razón pura, ¿cómo debe uno explicarse el carácter vinculante de la ley moral? ¿Cómo puede el ser humano ser inducido a obrar solo a través de la representación de su deber, sin tener en cuenta su propia felicidad? Kant cambia su argumentación y habla del «*factum* de la razón pura». Que la razón es un *factum* (del lat. *factum rationis*), no constituye una nueva noticia para los lectores familiarizados con la filosofía estoica. La razón es real en las leyes que conocemos a través del estudio de la naturaleza. Kant apela así a un punto de vista que puede presuponer en la mayor parte de sus críticos. De la «realidad de la moral» (Sulzer) dudan tan poco como Kant. Pero Kant le da al *factum* un nuevo significado: está dado *a priori* en nuestra conciencia, no en la naturaleza. Es un principio de supervivencia de la razón pura, no un principio empírico de felicidad. «Se puede llamar a la conciencia de esta ley fundamental un *factum* de la razón porque no se puede deducir de datos precedentes de la razón, por ejemplo, de la conciencia de la libertad (pues esta no se nos da con anterioridad)». La libertad es «la *ratio essendi* [el principio esencial] de la ley moral; la ley moral, sin embargo, es la *ratio cognoscendi* [el principio de conocimiento] de la libertad».

Apostilla. Alexander Gottlieb Baumgarten (1714-1762)

Kant desarrolla su filosofía en confrontación con el filósofo Alexander Gottlieb Baumgarten, que trabajó en Halle y más tarde en Frankfurt/Oder, cuyos manuales toma como referencia para sus cursos sobre metafísica y ética. Kant valora la concisión y precisión del estilo latino de Baumgarten. Adopta de él muchos conceptos, pero dándoles, en general, un nuevo significado. Por poner un ejemplo, en la primera edición de su *Metaphysica,* publicada en 1739 (según la traducción de Georg Friedrich Meier), llama «fuente de posibilidad» de una cosa al «principium essendi» y «fuente de conocimiento» de una cosa al «principium cognoscendi».

El bien supremo

No solo querríamos saber qué debemos hacer. Querríamos saber también qué podemos esperar. La esperanza se refiere a las oportunidades de realización de nuestros fines. Al fin último de nuestro obrar Kant lo llama «bien supremo». En él nos imaginamos unidas virtud y felicidad. Si solo fuéramos seres naturales, el bien supremo (y último) de nuestro obrar consistiría en la satisfacción de nuestras inclinaciones. Pero puesto que nunca fuimos solo naturaleza, sino que también seremos seres racionales puros, solo aspiramos a nuestra felicidad si esto no es perjudicial para nuestra virtud. A través de nuestro afán virtuoso queremos mostrarnos *dignos* de la felicidad. ¿Podemos esperar alcanzar alguna vez el bien supremo? Hay una mala y una buena noticia. La mala noticia dice que el sendero de la virtud en este mundo no conduce necesariamente a la felicidad. Al contrario, puede ser un sendero de sufrimiento y privación. Con frecuencia nos encontramos con personas cuya felicidad se apoya en toda clase de vicios. Pero no tenemos ningún motivo para insuflar melancolía. Hay una buena noticia. Es verdad que nunca seremos plena y definitivamente felices. Pero, siempre y cuando el alma sea inmortal y Dios exista, podemos esperar que nuestra felicidad sea distribuida de un modo proporcional a nuestra «intención virtuosa». Kant llama a esto su doctrina de los «postulados de la razón pura práctica».

La dialéctica de la razón pura

Nuestra esperanza de podernos mostrar dignos de la felicidad a través de nuestro afán virtuoso tiene su origen en un interés de la razón pura práctica. El ser humano no solo está necesitado como ente natural de la felicidad; él también quiere, como ente de razón, mostrarse digno de ella. En la determinación del bien supremo, la razón pura cae en una dialéctica. ¿Es la felicidad la condición de la virtud? ¿O es la virtud condición de la felicidad? Una vez más, la solución es el idealismo trascendental: nuestro afán de felicidad no produce una «intención virtuosa», pero la «actitud virtuosa» no está necesariamente asociada a la felicidad cuando está sujeta a las condiciones de la causalidad natural. La compatibilidad de virtud y felicidad debe y puede ser pensada como posible en el mundo inteligible.

Los postulados de la razón pura práctica

La realidad objetiva de las ideas especulativas de la inmortalidad del alma y de la existencia de Dios siempre será incierta. Pero tienen un significado práctico-moral, como Kant expone en el marco de su doctrina de los postulados de su segunda *Crítica*. Un postulado es un enunciado en el que se determina algo que es necesario para otra cosa. Si el bien supremo (virtud y felicidad) es el objeto necesario de la razón pura práctica, entonces tenemos que poder esperar una «*adecuación total* de las intenciones a la ley moral». Pero el ideal de una voluntad santa solo puede ser pensado como un «*progressus* que camina hacia el infinito». Esto presupone la inmortalidad de nuestra alma (en el reino de la esperanza práctico-moral no existe la muerte). La segunda suposición (el segundo postulado) para el bien supremo presenta la idea de Dios. Dios es el juez justo que le destinará a cada uno aquello que con su intención ha merecido. ¿Esta demostración convenció a Martin Lampe? Nunca lo sabremos.

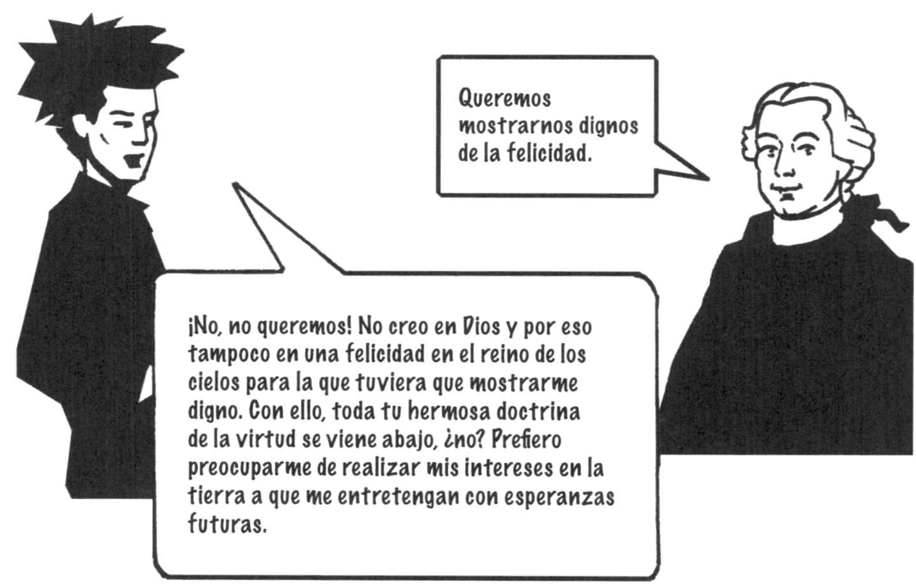

¿Moral o esperanza?

El Bien Supremo y los postulados son objetos de nuestro esperar y creer. Si el Bien Supremo fuese en sí imposible, nuestro afán moral sería quimérico. No tendría ningún fin (último). Esta opinión de Kant no debe entenderse, sin embargo, en el sentido de que una persona que no sea capaz de convencerse subjetivamente de la inmortalidad del alma y de la existencia de Dios no tendría ningún motivo para ser moral. Por una parte, Kant pide a los ateos de este mundo que piensen de un modo más consecuente. Incluso el moralmente sincero Baruch de Spinoza (1632-1677), cuya filosofía se consideraba en la época de Kant como atea y materialista, debe admitir, si examina muy a fondo el asunto, la validez de la conclusión moral sobre Dios. Y, por otra parte, la doctrina del bien supremo ni justifica la obligatoriedad de la ley moral ni presenta el motivo de por qué obramos de una forma moral. El mandamiento de obrar por deber, por respeto a la ley moral es válido para todos los seres humanos. También para los ateos (y politeístas) desesperanzados.

Crítica del gusto

A mediados de los años ochenta, a Kant se le enciende de nuevo una gran luz. Hasta ese momento había partido de que en el terreno de nuestro sentimiento de placer y displacer no hay principios *a priori*. Si algo nos agrada o no, es asunto del gusto. Esto también lo han afirmado siempre estudiosos de la estética como Henry Home (Lord Kames) y David Hume. Y parecen tener razón. Sobre los gustos no es posible discutir *(de gustibus non est disputandum)*. Si nosotros coincidimos o no en nuestros juicios estéticos, es al fin y al cabo casual, una cuestión de la cultura. Pero ahora Kant descubre que también el juicio se puede usar de un modo reflexivo. Llega a la convicción de que este es una facultad de principios del gusto, que son válidos a priori. ¿Cómo puede ser esto? Volvámonos hacia la lógica del juicio puro estético (no condicionado empíricamente). Si reflexionamos sobre un objeto desde la perspectiva estética queremos llegar a saber si es hermoso o feo. Hacemos esto prestando atención a las formas del objeto. Con esto nos abstraemos de todo interés que pudiésemos tomar en su existencia. El placer no precede a la valoración del objeto. Es, más bien, una consecuencia de esta valoración. Experimentamos placer porque la mera reflexión sobre él provoca placer en nosotros. Si experimentamos este placer juzgamos que el objeto es hermoso. Este placer no solo puede ser comunicado a otras personas. Les instamos literalmente a estar de acuerdo con nuestro juicio del gusto puro estético. ¿Qué nos autoriza a hacer esto?

El juego libre de las fuerzas del conocimiento

Nuestro conocimiento se basa en la relación entre sensibilidad y entendimiento. Entre estas dos facultades media la imaginación. Si esta es determinada por los conceptos puros (categorías) del entendimiento, conocemos un objeto. En el juicio del gusto puro estético no hay, sin embargo, una relación determinada categóricamente entre imaginación y entendimiento. Más bien, Kant habla del «juego libre de imaginación y entendimiento». Vivifica nuestro ánimo. Experimentamos un placer que estamos autorizados a exigirles a todos los seres humanos. Quien puede conocer objetos también puede reflexionar en libertad sobre su belleza. Es una libertad de la reflexión, no de la voluntad.

Hannah Arendt (1906-1975), que no quería ser filósofa

La autonomía estética

Kant se muestra como un maestro de las formulaciones paradójicas emulando a sus modelos Hume y Rousseau. Con sus conceptos e ideas paradójicas vivifican nuestro pensamiento, nos estimulan a ver las cosas con otra luz, es decir, a cambiar nuestro modo de pensar. Paradójico es, en el sentido más amplio del término, todo lo que contradice nuestras expectativas. ¿Habrían sabido ustedes, antes de leer a Kant, que hay una «finalidad sin fin», una «legalidad sin ley» y una *legitimidad libre* de la imaginación»? ¿O que un juicio particular puede reclamar una validez universal *a priori*? Probablemente no. Incluso a los conceptos de la autonomía y de la hetereonomía Kant les da, en el marco de su doctrina del juicio del gusto estético puro, un significado más amplio que en sus textos filosófico-morales: «El gusto reclama autonomía. Hacer de los juicios ajenos el fundamento de determinación sería heteronomía».

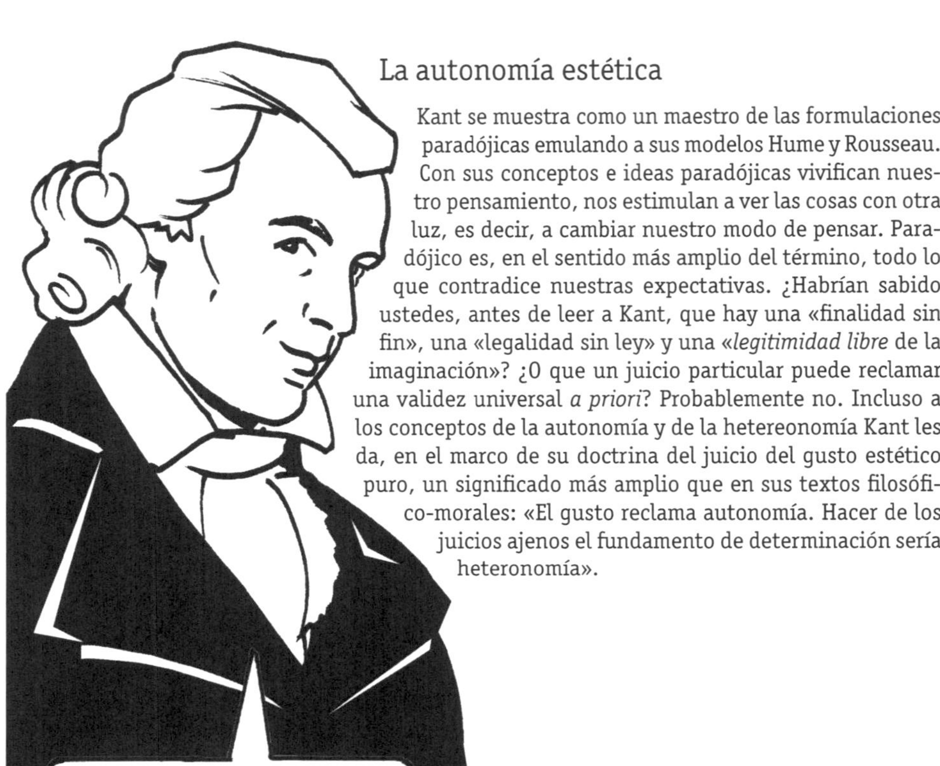

Friedrich Schiller (1759–1805), poeta, filósofo, historiador, seguidor y crítico de la ética y la estética de Kant

Naturaleza, arte y genio

Hay un parentesco entre lo bello y lo bueno moralmente hablando. Una cosa conduce a la otra. La belleza es un símbolo de la moral. Nos prepara para lo bueno porque exige de nosotros imparcialidad en el juicio, y al mismo tiempo provoca un interés en lo intelectual (lo suprasensible). Participamos en un sentido tanto moral como estético en un mundo común de significados que no se pueden reducir al lenguaje de la matemática y la física. El ser humano no es solo un ser que piensa y actúa; también es un ser que siente. La reflexión libre sobre la naturaleza nos permite descubrir formas en ella que nos alegran. Al mismo tiempo, el artista produce sus obras en libertad. El arte bello apunta a un placer de la reflexión, que favorece «la cultura de las facultades afectivas para la comunicación social». Es el genio quien le da «las reglas al arte» sin servirse en esto de conceptos y fines. El genio es «un protegido de la naturaleza»; posee «la originalidad ejemplar de los dones naturales de un sujeto en el uso *libre* de su facultad de conocimiento». Puesto que su origen se le debe agradecer casi totalmente al genio, la poesía ocupa el rango más elevado entre las bellas artes.

Lo sublime

Junto con lo bello, en la tercera *Crítica* Kant se ocupa también de lo sublime. Como lo bello, lo sublime gusta, presupone un juicio de la reflexión y se expresa en un juicio particular. Pero mientras que lo bello se basa en la forma funcional del objeto para nuestro conocimiento y lleva consigo un sentimiento inmediato de activación de la vida, el sentimiento de lo sublime parte de la percepción de un objeto sin forma y por tanto juzgado como no funcional. Aunque el objeto sin forma inhibe en un primer momento nuestras fuerzas vitales, nos permite, con todo, sentir una funcionalidad. Tiene su fundamento solo «en nosotros» y en nuestro «modo de pensar». Es nuestra imaginación la que, a través de la representación del objeto percibida como no funcional para nuestro juicio, lleva a nuestro ánimo «a ocuparse de ideas que contienen una funcionalidad más elevada». Esta ocupación provoca «un *movimiento* del ánimo» que está conectado con el placer. Sublime no es el objeto sin forma. Sublime es más bien nuestro estado de ánimo, porque se ocupa de estas ideas. Puesto que la imaginación relaciona el objeto «o bien con la *facultad de conocimiento* o bien con la de *desear*», Kant distingue entre lo sublime matemático (facultad de conocer) y lo sublime dinámico (facultad de desear).

Lo sublime dinámico

¿A qué ideas se refiere lo sublime? Detengámonos en lo sublime dinámico. Juzgamos la naturaleza como sublime dinámica cuando representa una fuerza que no tiene poder sobre nosotros, seres humanos. Esta disposición espiritual solo aparece, por supuesto, cuando nos sentimos seguros ante la poderosa naturaleza, no nos llenamos de temor al preocuparnos por nuestra vida. La visión de un volcán en erupción que se produce desde una distancia segura se percibe como sublime porque nos permite «descubrir en nosotros una facultad para resistir de una clase muy distinta», «que nos da valor para podernos medir con la aparente omnipotencia de la naturaleza». Como seres físicos, nuestra lucha con el poder de la naturaleza sería inútil desde el inicio. Pero en el sentimiento de lo sublime sí que nos juzgamos como independientes de la naturaleza y su fuerza. El sentimiento de lo sublime presupone nuestra naturaleza moral, que no puede ser aniquilada por ningún poder de la naturaleza. La reflexión sobre el poder de la naturaleza nos permite descubrir nuestra determinación moral.

Crítica del juicio teleológico

Con la tercera *Crítica,* Kant persigue una misión importante: le gustaría superar el abismo entre naturaleza y libertad. ¿Cómo lo hace? De ningún modo quiere partir de que la funcionalidad sea una forma de causalidad constitutiva de los objetos de la misma naturaleza, como una y otra vez han afirmado los filósofos a lo largo de los siglos. Hablar de la funcionalidad (o teleología) de la naturaleza significa que la naturaleza misma persigue fines. Si pensamos en Dios como el creador del mundo, esta tesis tiene sentido. Si conocemos la naturaleza, conocemos los fines que Dios persigue en ella y en ella con nosotros. Pero Kant rechaza esta idea. La auténtica ciencia de la naturaleza no conoce causalidad final alguna (del lat. *causa finalis*). Solo conoce la ley de las causas eficientes (del lat. *causa efficiens*). La flecha no cae del cielo porque quiera alcanzar su telos. Su vuelo es determinado por la ley de la gravedad. Si ya en la primera parte de la tercera *Crítica* (*Crítica del juicio estético*) se vislumbra con el concepto de «juicio reflexionante» una solución para la superación del abismo existente entre naturaleza y libertad, Kant la explicita en la segunda parte de su texto (*Crítica del juicio teleológico*). Es cierto que la funcionalidad no es un principio constituyente de nuestra experiencia, pero sí encontramos formas en la naturaleza que hacen necesario contemplarlas desde la perspectiva de la funcionalidad. ¿Qué formas son estas?

El organismo

Contemplamos formas en la naturaleza que son casuales desde la perspectiva de la causalidad de la naturaleza. La razón, sin embargo, exige necesidad en la explicación de todos los fenómenos naturales. La razón le indica al juicio reflexionante que juzgue las formas casuales de la naturaleza como si fueran necesarias según el principio de la funcionalidad. Kant tiene en mente el ejemplo del organismo «que es juzgado de acuerdo con su forma interna como un fin natural». Está convencido de que nunca habrá un Newton que pueda explicar también «la formación de una brizna de hierba de acuerdo solo con leyes naturales que alguna intención haya ordenado». Contemplado desde la perspectiva de nuestro juicio reflexionante, la unidad de nuestra experiencia de la naturaleza solo puede garantizarse a través de la conexión de estos dos tipos de causalidad.

El fin de la naturaleza

Del organismo como un fin en la naturaleza, un camino directo lleva hasta el fin de la naturaleza. Si en la naturaleza hay formas conforme a un fin, ¿qué fin tiene entonces la naturaleza? Esta pregunta no la ha respondido ninguna matemática ni ciencia natural. Incluso el *smartphone* está desorientado. No ofrece respuesta a la pregunta por su propio sentido. Nosotros, los seres humanos, somos los que tenemos que darla. Y, con ello, ya hemos tropezado también con la respuesta (tan entretenida puede ser la filosofía). El fin último de la naturaleza, esto es, qué es el ser humano. La creación está ahí en beneficio del ser humano. El ser humano se pone a sí mismo fines. Su fin principal existe o bien en su felicidad o bien en su cultura. ¿Para cuál de estos dos fines prepara la naturaleza a los seres humanos? En lo que se refiere al anhelo de felicidad, el ser humano no es ciertamente ningún «niño mimado» de la naturaleza. No se libra de las plagas del ciego mecanismo natural, que afectan también a los otros seres vivos. A esto hay que añadirle los males de los que el ser humano es responsable (en primer lugar, la guerra). El fin último y más elevado para cuyo logro la naturaleza ha preparado al ser humano es su capacidad de obrar según fines elegidos por él. Kant llama a esta facultad cultura, y es optimista de que él, como integrante del género humano, pueda alcanzar este fin. Si quisiera.

Ético-teología

Si el ser humano existe como fin último, entonces debe haber sido producido por una causa superior que obra de acuerdo con fines. Al mismo tiempo, la naturaleza sin los seres humanos sería «en vano y sin un fin último». Kant da de baja la físico-teología clásica, que intenta llegar a la existencia de un creador racional desde las cualidades empíricas, en favor la ético-teología (teología moral). Por motivo de la razón pura práctica debemos pensar la naturaleza como si hubiese sido creada a causa de nuestra determinación moral. Debemos representarnos el mundo como un lugar afín a la libertad. Si la demostración moral-práctica de Dios de la segunda *Crítica* apunta al mundo del más allá, de la inmortalidad y del Dios que nos juzga, con la ético-teología de la tercera *Crítica* el foco se desplaza a nuestro mundo real de la acción. Como género humano podemos esperar alcanzar todos juntos nuestro fin en el mundo: nuestra autonomía.

En el seminario de Tubinga

En el seminario evangélico de Tubinga tres estudiantes de Teología debaten sobre el futuro de la Filosofía: Georg Friedrich Wilhelm Hegel (1770-1831, véase arriba en el centro), Friedrich Hölderlin (1770-1843, véase arriba a la izquierda) y Friedrich Wilhelm Joseph Schelling (1775-1854, véase arriba a la derecha). Kant nos ha ofrecido algunos resultados, pero nos debe el sistema. Están convencidos de que la *Crítica del juicio* señala el camino para la superación del dualismo entre naturaleza y libertad, pero no quieren reconocer el mecanismo de la naturaleza. Un fragmento de un proyecto de programa filosófico aparecido en 1796, puesto por escrito por Hegel y redactado en primera persona del singular, ha sobrevivido a los siglos. Unas pocas líneas de lectura bastan para entrever la distancia que separa Tubinga de Königsberg. «Puesto que en el futuro toda la metafísica caerá dentro de la moral (de lo que Kant, con sus dos postulados prácticos, ha dado solo un ejemplo, sin agotarlo), esta ética no será más que un sistema completo de todas las ideas o, lo que es lo mismo, de todos los postulados prácticos. La primera idea es, por supuesto, la representación de mí mismo como un ser absolutamente libre. Con el ente libre, autoconsciente, emerge al mismo tiempo todo un *mundo* —desde la nada—: la única creación verdadera e imaginable de la *nada*. Aquí descenderé a los campos de la física. La cuestión es esta: ¿cómo debe estar hecho un mundo para un ser moral? Me gustaría darle de nuevo alas a nuestra física, que avanza a duras penas, lenta en experimentos.» ¡Deseamos un buen vuelo!

Apostilla. Georg Friedrich Wilhelm Hegel (1770-1831)

Con la filosofía de Hegel, el concepto de la filosofía especulativa adquiere un significado totalmente nuevo. El autodesarrollo de la conciencia expuesto en la *Fenomenología del espíritu* (1807) no tiene precedente en la historia de la filosofía. Hegel, desde 1818 catedrático en Berlín, es un espíritu agudo e incisivo. Rechaza la filosofía de la Ilustración como unilateral, del mismo modo que concibe la filosofía de Kant como un momento en la historia de la evolución del espíritu absoluto. Es famoso su reproche contra el imperativo categórico de no llegar como simple principio moral a ningún contenido concreto.

Flashback: el origen del universo a partir del caos

En 1755 aparece *Historia general de la naturaleza y teoría del cielo,* de Kant. De nuevo se propone algo grande. Le gustaría superar a Newton a partir de Newton. Mientras que el físico y filósofo inglés niega que el cosmos, con toda su belleza y armonía, haya surgido solo de los principios mecánicos descubiertos por él (atracción y repulsión), Kant quiere probar justamente que el cosmos ha surgido del «elemento originario de todas las cosas»: la materia. Dios ya ha plantado «en las leyes universales del movimiento» el proyecto del edificio del mundo. Puesto que la materia no tiene «libertad» para «desviarse de estos planes de la perfección», Dios no interviene en el rumbo de las cosas. «Me parece que aquí se podría decir, en cierto sentido y sin presunción alguna, *¡Dadme materia, que quiero construir un mundo de ella!*». Kant está de buen humor; si una vez explicó «la constitución y el origen mecánico de todo el edificio del mundo» a partir de principios puramente mecánicos, esto podrá suceder también en el futuro en el caso de las «plantas más pequeñas» o de un «insecto». Kant ha encontrado una nueva demostración de Dios. Puesto que «la naturaleza, incluso en el caos, tampoco puede proceder más que de un modo regular y ordenado», Dios existe. En 1781 ya no quiere saber más de esto. Por cierto: la cosmogonía de Kant (teoría de la formación del mundo) es mencionada en la actualidad, de vez en cuando y de una vez, junto con la hipótesis del astrónomo y matemático francés Pierre-Simon Laplace (1749-1827), que surgió al margen de ella (teoría de Kant y Laplace).

¡Genial, no estamos solos!

También las amigas y amigos de la ciencia ficción están contentos con Kant: «Entretanto, la mayor parte de los planetas están ciertamente habitados, y los que no lo están llegarán a estarlo algún día». Donde hoy reina desierto y oscuridad podría desarrollarse la vida en «siglos y quizá en miles de años». Podemos «suponer con satisfacción» que un planeta hoy deshabitado «llegará, no obstante, a estarlo algún día, cuando el periodo de su formación haya acabado». El universo existe infinitamente de acuerdo con el espacio y el tiempo. Surgen nuevos mundos, otros viejos se extinguen, se hunden en el caos... «Todo lo que tiene un inicio se acerca continuamente a su extinción, y está tanto más cerca de él cuanto más se ha alejado del punto de inicio».

Kant reseña a Herder

Entre 1762 y 1764 Johann Gottfried Herder, originario de Mohrungen, estudia con Kant. Llegaría a ser su discípulo directo más famoso. Herder estaba orgulloso de haber escuchado, como estudiante de Kant, «opiniones sobre Leibniz, Newton, Wolff, Crusius, Baumgarten, Helvétius, Hume, Rousseau...». Su maestro, explica, tenía a su disposición «las bromas, el ingenio y el humor», y siempre en el momento justo, de tal modo que, cuando todos se reían, él permanecía serio. Su charla pública era como una divertida compañía». Treinta años más tarde, ya no existe el buen humor; el ánimo está por los suelos. Herder publica sus *Ideas para la filosofía de la historia de la humanidad* (1784-1785). Kant está furioso y escribe una reseña sobre el libro. No le gusta el estilo ni el contenido. «El espíritu de nuestro ingenioso y elocuente autor muestra en este texto su ya reconocida originalidad». No se trata de un cumplido. Es una crítica despiadada. Herder compone versos y fantasea, pero no piensa. La «filosofía de la historia de la humanidad» de Herder no es «una precisión lógica en la definición de los conceptos o una distinción cuidadosa y justificación de los fundamentos, sino una mirada exhaustiva que no se detiene por mucho tiempo, una hábil sagacidad en el hallazgo de analogías; en el uso de las mismas una osada imaginación unida con la habilidad de apoderarse de un objeto mantenido siempre en una oscura lejanía a través de sentimientos e impresiones, que como efectos de un gran contenido intelectual, o como indicaciones de múltiples significados, permiten suponer más de lo que una fría apreciación podría realmente encontrar en ellos». Kant lo presiente: la época de la crítica se está volviendo tormentosa.

Herder escribe la metacrítica sobre la *Crítica*

En su texto *Entendimiento y experiencia. Una metacrítica sobre la «Crítica de la razón pura»* (1799), Herder toma impulso para el golpe final. ¿Solo el camino crítico debe estar abierto? De ninguna manera. «El hechizo se ha acabado. Que se le prestase a esta filosofía un oído tan confiado y favorable sucedió con una esperanza buena y grande. Prometía mucho; se impuso arrogante. ¿Qué ha conseguido? Con protestas contra todo dogmatismo se ha convertido en la soberana más repulsiva en un lenguaje que antes no se permitía ninguna escuela».

La filosofía de la historia

Que una persona sea moralmente buena o mala depende de su voluntad. La diferencia entre una acción realizada por respeto o por inclinación escapa sin embargo a la observación. Con frecuencia, nuestros propios motivos reales para obrar no están claros para nosotros, los seres humanos. ¿Quién puede estar seguro de que ayuda al pobre por respeto a la ley moral y no por deseo de reconocimiento público? La situación es diferente con el carácter moral del género humano. Se muestra en el uso público que este hace de su libertad. En sus cursos sobre antropología, Kant se ocupa desde mediados de los años setenta de temas de filosofía de la historia, pues la pregunta por el carácter moral de nuestra especie tiene una dimensión temporal, histórica. Está estrechamente relacionada con nuestro modo de pensar. Si se puede observar una tendencia hacia lo moralmente mejor, nuestra especia sería entonces, a pesar de todas las crueldades y guerras de las que es responsable, digno de ser amado. El género humano tiene un destino: la paz. Este destino lo alcanzará con una «constitución cosmopolita» en la que la libertad y la igualdad de los seres humanos estén aseguradas. Autonomía por ley.

La gran artista naturaleza

El ser humano se caracteriza por una «sociabilidad insociable»; lo arrastran los impulsos de «la ambición, el despotismo y la codicia». Pero a sus espaldas, la naturaleza lleva a cabo un plan. El ser humano ha nacido libre, pero la naturaleza se sirve de su naturaleza animal para integrarlo en un proceso histórico de evolución en el que el ser humano, por su propio discernimiento, nunca habría pensado entrar ni consumar. Que el mal, el sufrimiento, la miseria, la necesidad sean medios para el ascenso del bien, es a los ojos de Kant el efecto paradójico de la historia de la evolución de la humanidad. En el «juego de la libertad humana» la naturaleza lleva a cabo un plan. Esta es, al menos, la perspectiva desde la que el ser humano como ente de razón juzga la relación entre naturaleza y ser humano.

¿Puede demostrarse el progreso jurídico-moral?

Kant da distintas respuestas a esta pregunta con el transcurso de los años. En 1784 le parece probable que el «curso regular de mejora de la Constitución estatal en nuestro continente» también proporcione «leyes», en el futuro, a los demás continentes. A principios de los años noventa se expresa de un modo algo más optimista: el ser humano debe fomentar la paz perpetua por razones jurídico-morales, pero si se abstuviese de ello, la naturaleza lo agarrará por los cabellos de la inteligencia y lo obligará a ese estado. En 1798, en *El conflicto de las facultades,* Kant proporciona una demostración práctico-moral que presenta a partir de lo que conceptualiza como «modo de pensar de los seres humanos». Esta demostración se basa en la reacción del público al intento del pueblo francés de darse a sí mismo, desde 1789, una Constitución republicana. El público reacciona a los acontecimientos en Francia de un modo entusiasta, porque la forma republicana de gobierno es expresión de la voluntad racional de un pueblo. Las repúblicas son, dice la tesis de Kant, de acuerdo con su constitución interna, pacíficas. Ningún ciudadano se marcha voluntariamente a la guerra. El mismo progreso de la humanidad hacia lo moralmente mejor está garantizado porque, en lo sucesivo, el público urgirá reformas análogas en sus propios sistemas políticos. El progreso jurídico no se conseguirá solo a través de experiencias de injusticia. El motor del progreso jurídico reformador es la observación de que el derecho racional sea y pueda llegar a ser real en las condiciones políticas reales. En la reacción del público ajeno a los hechos y, por tanto, no sospechoso de partidismo hacia la revolución francesa, culmina, según Kant, un proceso histórico que ha sido iniciado y planeado a largo plazo por la «gran artista naturaleza». Pero necesita también de implicación moral y colaboración por parte de los seres humanos. El ser humano es bueno como especie. ¡A trabajar! ¡Lo conseguiremos!

El valor de los pueblos

Así como la dignidad de las personas concretas conoce grados (sin llegar a caer por debajo de cero), se calcula el valor de un pueblo, desde el punto de vista político-jurídico, en la aportación que ha prestado y presta al progreso de la constitución civil. La tesis de Herder sobre el valor inherente a cada pueblo es insostenible en opinión de Kant. Sin libertad todo sería nada.

Debemos atrevernos a más Ilustración

¿Cómo hablaríamos hoy de la época de la Ilustración si no hubiese habido un Kant? Una buena pregunta. Para unos es su superador; para otros su consumador. Kant supera la Ilustración porque desarrolla una filosofía de la libertad y de la historia que no gira, en contraposición explícita con la primera Ilustración, alrededor de los conceptos de felicidad y de utilidad. Kant consuma la Ilustración porque la concibe como un proceso con un objetivo claro que nosotros, los seres humanos, podemos conocer aunque estemos sometidos a este mismo proceso. El objetivo de la Ilustración es la mayoría de edad del ser humano, a la que todo individuo puede atreverse y aspirar, pero que solo como especie, aunando las fuerzas de todos los seres humanos, se puede esperar alcanzar. En un artículo de 1784 que hizo época, «Respuesta a la pregunta: "¿Qué es Ilustración"?», Kant pone en claro el programa de la Ilustración tal y como él lo ve: «La Ilustración es la salida del hombre de su condición de menor de edad, de la cual él mismo es culpable. La minoría de edad es la incapacidad de servirse de su propio entendimiento sin la dirección de otro. Uno mismo es culpable de esta minoría de edad cuando la causa de ella no radica en una falta de entendimiento, sino de la decisión y el valor para servirse de él con independencia, sin la conducción de otro. *¡Sapere aude!* [¡Ten valor de servirte de tu propio entendimiento!] es, pues, la divisa de la ilustración».

Ilustración y autodeterminación

¿Qué me interesa del «lema de la Ilustración»? ¿Qué me importa mi minoría de edad si el estado de ánimo es bueno, la familia está bien de salud y los campos están cultivados? La respuesta es evidente. Recuerda a Rousseau. Quien no se esfuerza por su mayoría de edad, quien no se interesa por superar sus prejuicios y vivir en condiciones legales y políticas en las que el despotismo de la estupidez y la arrogancia del poder sean superados de acuerdo con unos principios, paso a paso, no se interesará por su autodeterminación. A esta persona le es indiferente su razón, su voluntad libre y su «propio yo». Una persona particular puede «aplazar» su ilustración, pero renunciar a ella, ya sea para su persona o, más aún, para su descendencia, significa violar y pisotear los sagrados derechos de la humanidad».

La censura

En 1784 Kant se siente bien en Prusia. Es cierto que no es una época ilustrada, pero es la «época de la Ilustración», (o «el siglo de Federico»). Avanza. El rey Federico II no prescribe nada a los individuos en asuntos de religión. Esta es la cuestión principal. Pero las cosas pueden cambiar rápidamente. El elogio de Kant hacia el rey se puede entender también como petición a sus sucesores de no hacer retroceder los relojes. Dos años más tarde es el «primer servidor del Estado», como él mismo se llama; historia. Los tiempos se vuelven turbulentos y Kant lo experimenta en su propia carne. En 1788 el rey Federico Guillermo (1744-1797) promulga el edicto religioso de Wöllner. Poco tiempo después de la publicación del escrito sobre religión (el imprimátur es obtenido en Jena, que pertenece al ducado de Sajonia-Weimar-Eisenach), Kant recibe, en octubre de 1794, una nota del rey prusiano. Este amenaza al filósofo con «resoluciones desagradables» si sigue utilizando indebidamente su filosofía «para tergiversar y desprestigiar algunas enseñanzas importantes y fundamentales de las Sagradas Escrituras y del cristianismo». Kant rechaza la acusación, pero se somete. Tras la muerte del rey se considera eximido de su promesa, y hace público el intercambio epistolar en *El conflicto de las facultades*.

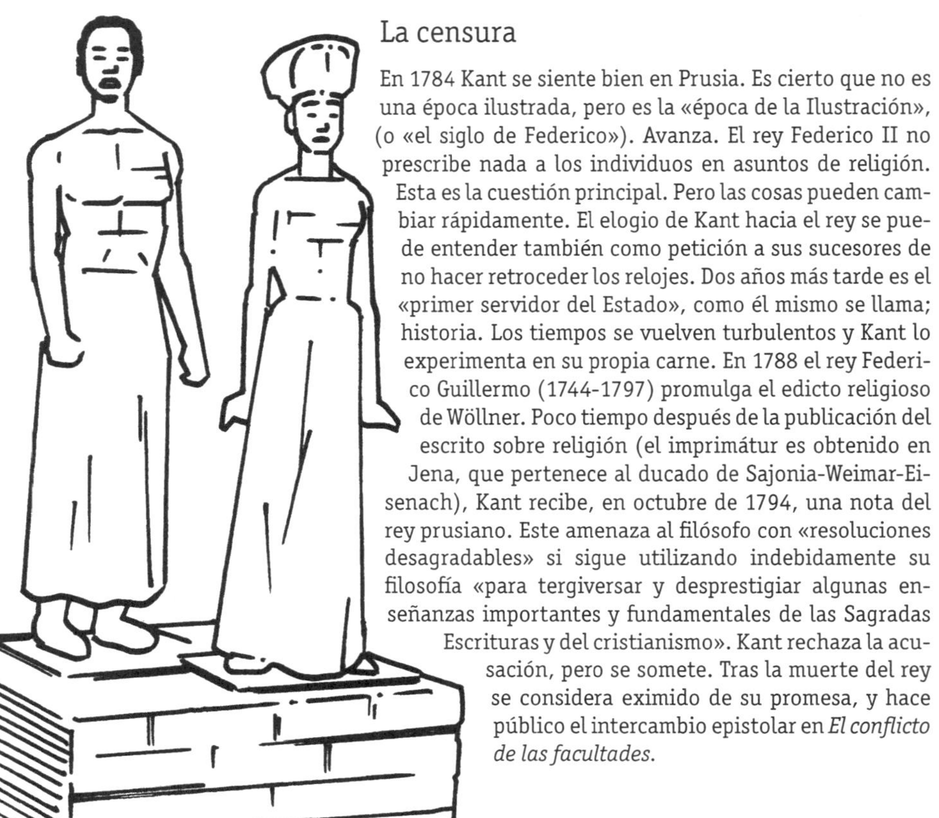

Monumento a Anton Wilhelm Amo, en Halle (Saale)

Apostilla. La Ilustración en Prusia

Tenemos que imaginarnos Prusia en el «siglo de Federico» como una comunidad ilustrada en comparación con otros muchos Estados. Especialmente las universidades, que ejercían el derecho de censura, gozaban de libertades relativamente amplias. En 1694 se funda en Halle la Universidad fridericiana, primera universidad de la Ilustración en Alemania. Anton Wilhelm Amo (1703-1759), originario de Ghana, es el primer filósofo de color que imparte cursos en Halle y en Wittenberg. En 1740, Dorothea Christiane Erxleben es la primera mujer que se doctora en la especialidad de Medicina. Los teólogos protestantes interpretan a Jesucristo como el nuevo Sócrates. En Nietleben, cerca de Halle, Karl Friedrich Bahrdt (1741-1792), que ve en la libertad de prensa un derecho humano, regenta una taberna en su viña e imparte cursos en la universidad. Más tarde surgirán problemas: su sátira sobre el edicto religioso de 1788 lo llevará a la cárcel.

El escritor, filósofo y comerciante Heinrich Jacobi forma parte de los primeros críticos del idealismo trascendental.

Orientarse en el pensar

¿Nos pueden «orientar en el pensar» la fe, el sentimiento y la revelación? Kant define la expresión «orientarse» en un artículo del año 1786 de la siguiente forma: «encontrar a partir de una región dada del mundo (dividimos el horizonte en cuatro) las restantes, y en particular el *oriente*. Si ahora veo el sol en el cielo y sé que es mediodía, sé encontrar el sur, el oeste, el norte y el este». La orientación presupone que sentimos una diferencia entre nuestra mano derecha e izquierda. El interés de Kant no se dirige a la operación de la orientación geográfica en el espacio y tampoco a las matemáticas. A él le gustaría entender cómo nos podemos orientar en un pensar que no sea limitado por el espacio y el tiempo. El derecho de orientarse «en el pensamiento, en el espacio inconmensurable y lleno para nosotros con una densa noche de lo suprasensible» se basa en una necesidad de nuestra razón. Si esta necesidad es práctica fundamenta nuestra creencia en la existencia de Dios y la inmortalidad del alma. «Una creencia racional pura es la señal indicadora o brújula por medio de la cual el pensador especulativo se puede orientar en sus disputas racionales en el campo de objetos suprasensibles; y esta creencia de la razón es también la que debe ser el fundamento de toda otra creencia, de toda revelación». Quien, como Mendelssohn y Friedrich Heinrich Jacobi (1743-1819), no tiene en cuenta los límites de nuestro conocimiento «le abre una puerta ancha a todo fanatismo, superstición, incluso al ateísmo».

La libertad de pensar

Los ataques sentimentales a la razón socavan las condiciones bajo las cuales estos ataques pueden realizarse. Quien ataca a la razón socava la «libertad en el pensar» y «para pensar». Si renunciamos al derecho a comunicar públicamente a otros nuestros pensamientos, tampoco podemos pensar. Si se nos obliga a una creencia religiosa, algunos ciudadanos se erigen en «tutores» de otros. Si se juzga según la «máxima de un *uso sin ley* de la razón», la razón debe someterse a una ley que no se da a sí misma. La consecuencia es «que en última instancia la libertad de pensar se sacrifica con esto y, puesto que no es la mala suerte la culpable, sino la verdadera arrogancia, se la deja *escapar* en el sentido real de la palabra». ¡Ciudadanos! Oíd los gritos de guerra de los soñadores.

El mal radical

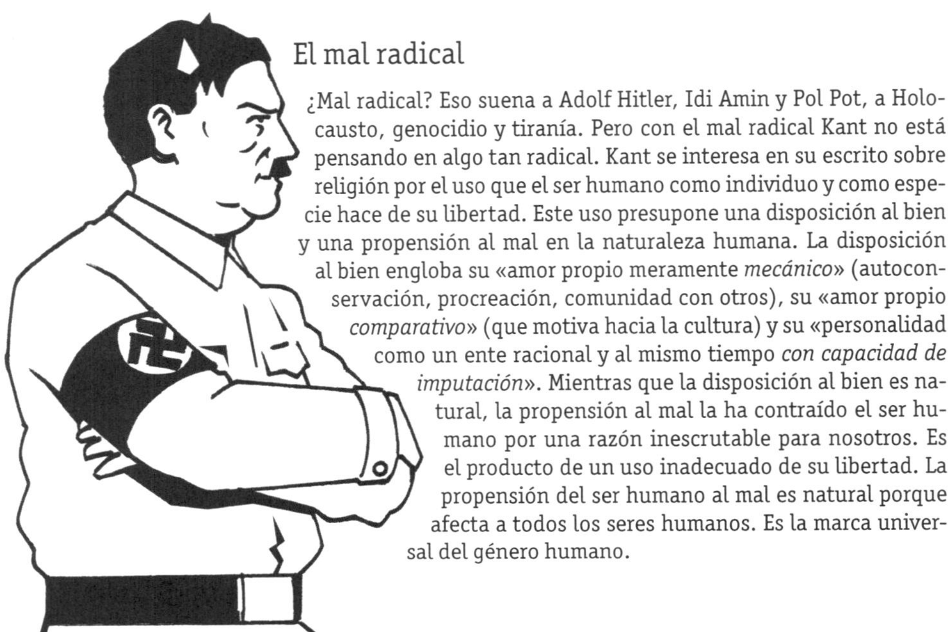

¿Mal radical? Eso suena a Adolf Hitler, Idi Amin y Pol Pot, a Holocausto, genocidio y tiranía. Pero con el mal radical Kant no está pensando en algo tan radical. Kant se interesa en su escrito sobre religión por el uso que el ser humano como individuo y como especie hace de su libertad. Este uso presupone una disposición al bien y una propensión al mal en la naturaleza humana. La disposición al bien engloba su «amor propio meramente *mecánico*» (autoconservación, procreación, comunidad con otros), su «amor propio *comparativo*» (que motiva hacia la cultura) y su «personalidad como un ente racional y al mismo tiempo *con capacidad de imputación*». Mientras que la disposición al bien es natural, la propensión al mal la ha contraído el ser humano por una razón inescrutable para nosotros. Es el producto de un uso inadecuado de su libertad. La propensión del ser humano al mal es natural porque afecta a todos los seres humanos. Es la marca universal del género humano.

Los niveles del mal

Hay tres niveles del mal: la «*fragilidad* de la naturaleza humana», la actitud deshonesta y la «malignidad» («depravación»). En el primer nivel el ser humano no se ve, por debilidad, en la situación de superar, al comprender su deber, sus inclinaciones. En el segundo nivel, la representación de la ley moral no es su único móvil. El ser humano obra conforme a su deber, pero no por deber. Y en el tercer nivel el ser humano invierte la relación entre felicidad y ley moral de un modo fundamental: duda de la pureza y rigor de la ley moral y convierte en su máxima anteponer por principio su felicidad al cumplimiento de la ley moral. Kant no parte de que el ser humano ponga en duda la existencia de la ley moral como tal. Tampoco es capaz de imaginarse un ser humano que infrinja la ley moral simplemente porque es la ley moral. Ningún ser humano es desinteresadamente malo. Y una moral más allá del bien y del mal, como Friedrich Nietzsche (1844-1900, véase página 77) nos promete, la habría visto Kant como un verdadero disparate. Más allá del bien y del mal se encuentra el país de la falta de libertad. Más allá del bien y del mal el frío viento de la barbarie y de la arbitrariedad nos sopla en los oídos.

¡Revolución del modo de pensar!

La razón pura nos pide que restauremos de inmediato, aquí y ahora, el orden originario de ley moral e inclinaciones a través de una «revolución para el modo de pensar». La maldad del corazón humano debe ser superada. Es cierto que la razón pura solo nos puede obligar a acciones que también podemos llevar a cabo. Pero el individuo se muestra como demasiado débil para superar el mal que un día se puso en el mundo. En el plano social el mal sigue actuando. ¿Qué se puede hacer? Kant recurre al vocabulario de su filosofía del derecho: la situación natural ética fundada por el mal radical debe ser superada con el ingreso del género humano en el estado ético burgués. A este estado Kant lo llama la comunidad virtuosa bajo el gobierno de Dios. Por una parte, debemos imaginarnos lo «sagrado del Evangelio» como un ideal moral que tenemos que emular. Por otra, Dios representa la cabeza en este estado invisible burgués llamado Iglesia. Bajo su gobierno debemos imaginarnos nuestro esfuerzo ético como un proyecto exitoso que debe ser completado.

La religión

Kant utiliza el término «religión» en singular. Así como solo hay una razón y un imperativo categórico, solo puede haber una religión. Kant no solo toma como referencia el cristianismo; parece estar convencido de que el espíritu del protestantismo (interpretado racionalmente) es el que está más cerca de la religión. Es innegable que Kant no hace ningún comentario favorable del judaísmo y del «mahometanismo». Pero si lo miramos con más atención, su texto no puede entenderse simplemente como una apología del cristianismo. La razón no se juzga desde la perspectiva de la fe eclesiástica, sino el credo cristiano desde la perspectiva de la razón. La religión de Kant es la religión de la razón pura práctica. En su centro está la ley moral, no los diez mandamientos y aún menos la idea de un ser humano que realmente ha resucitado de entre los muertos. El Dios de Kant no es misericordioso, su espíritu no sopla donde él quiere. En su reino no hay elegidos y condenados para siempre. No es un Dios de la venganza, pero tampoco perdona. Sencillamente, solo es racional.

El derecho está ligado a la potestad de coaccionar

Durante muchas décadas, la *Doctrina del derecho,* aparecida en 1797 como la primera parte de la *Metafísica de las costumbres,* llevó una existencia en la sombra. Numerosos lectores se mostraron sorprendidos: ¿Un sistema de leyes coercitivas debe ser la condición de mi libertad arbitraria? ¿Por favor, dónde está aquí el punto de vista de la crítica? Pero la doctrina del derecho de Kant es ciertamente crítica. Da información de las condiciones bajo las cuales se puede dar una situación jurídica pública en la que cada persona pueda obtener y conservar lo suyo bajo una ley universal. Al igual que la razón pura reclama en el ámbito de la buena voluntad la superación de las propias inclinaciones, justifica la coacción externa cuando represente un medio para superar un obstáculo de nuestra libertad externa. «Si un determinado uso de la libertad misma es un obstáculo a la libertad de acuerdo con leyes universales (esto es, es contrario al derecho), entonces la coacción que se le opone, en tanto que obstáculo frente a lo que obstaculiza la libertad, concuerda con la libertad según leyes universales, es decir, es conforme al derecho; por consiguiente, al derecho está unida, a la vez, la facultad de coaccionar a quien lo viola, según el principio de contradicción».

Apostilla. Thomas Hobbes (1588-1679) y la libertad de la pluma

La comprensión moderna del derecho y la política está marcada de un modo decisivo por el filósofo inglés Thomas Hobbes (véase arriba). Su obra principal, el *Leviatán* (1651), tiene un carácter innovador semejante al de las *Meditaciones acerca de la filosofía primera* de Descartes. En su obra principal, Hobbes defiende la opinión, sobre la base de una antropología materialista, de que la razón le ordena al ser humano transferir su derecho originario a cualquier cosa a un soberano (el todopoderoso leviatán). Este tiene el cometido de asegurar el derecho de los ciudadanos. Kant sigue a Hobbes en su negativa a un derecho de resistencia. Pero, a diferencia de él, el filósofo de Königsberg hace constar el derecho de los ciudadanos a indicar públicamente la injusticia sufrida. El leviatán no les puede arrebatar este derecho a los seres humanos: la libertad de la pluma es «el único *palladium* [templo] de los derechos del pueblo». Si el gobernante concede este derecho, el público se ilustrará por sí mismo e instará a que se hagan reformas en el espíritu del modo de gobierno republicano.

Cañoneo de Valmy, 1792, y el poeta Johann Wolfgang von Goethe (1749-1832)

Libertad y derechos

El lenguaje puede ser confuso. Por una parte, un derecho describe la pretensión subjetiva de una persona de poder usar de un modo determinado su libertad. Pero el derecho describe también las condiciones bajo las cuales «el arbitrio de uno se puede conciliar con el arbitrio del otro de acuerdo con una ley universal de la libertad». Estas condiciones pueden, según Kant, cumplirse plenamente solo en el derecho *público* (del lat. *status civilis*). «El conjunto de las leyes que necesitan promulgarse universalmente para producir un estado jurídico es el derecho público». Comprende el derecho político, el derecho de gentes y el derecho cosmopolita. El derecho político designa las relaciones jurídicas entre los ciudadanos, el derecho de gentes entre los Estados y el derecho cosmopolita entre cada individuo concreto y un Estado cualquiera. La libertad y la ley dependen de su protección por el poder del Estado. Con el derecho cosmopolita, introducido por él en el debate, Kant quería garantizar que todos los seres humanos (da igual cuál sea su color de piel, sexo, origen y religión) son entes jurídicos. Especial importancia le otorga al derecho político. A diferencia de los otros dos ámbitos jurídicos, la ley se impone en él por coacción. Además, el poder legislativo se corresponde «solo con la voluntad unida del pueblo». Puesto que de este poder «debe proceder todo derecho, no debe mediante su ley *poder* actuar injustamente con nadie».

Paz a través del derecho

En 1795, en Basilea, Prusia firma con Francia una paz por separado. Kant ve llegado el momento de presentar sus propuestas para un orden mundial pacífico. Las desarrolla en su escrito *Sobre la paz perpetua*. Su idea fundamental es bastante manejable: paz a través del derecho. Los Estados deben organizarse en primer lugar internamente según principios republicanos, es decir, según aquellos en los que solo sean válidas las leyes que el pueblo pueda decidir sobre sí mismo. En segundo lugar, deben firmar una alianza de Estados libres (una alianza de pueblos). Y en tercer lugar, todos los seres humanos tienen el derecho de presentarse a la sociedad de cualquier Estado. Las personas en necesidad no pueden ser rechazadas en las fronteras si esto significa su muerte. La meta principal de la acción política es la paz. ¿Por qué la paz? Porque la guerra convierte al ser humano en un objeto, lo humilla y lo aniquila.

El derecho innato de la libertad

En el Estado, un derecho subjetivo designa una libertad, muchos derechos muchas libertades. Pero solo puede haber una libertad originaria, que es al mismo tiempo un derecho. Puesto que este derecho no se adquiere ni se otorga (por el Estado o por Dios), Kant lo llama el «derecho innato». Es el derecho humano por antonomasia. «La *libertad* (independencia del arbitrio constrictivo de otro, siempre y cuando pueda coexistir con la libertad de cualquier otro según una ley universal, es este derecho único, originario, que le corresponde a cada ser humano en virtud de su humanidad». Este derecho contiene en sí mismo la «*igualdad* innata» de los seres humanos. Así, legalmente solo puedo ser obligado por otro ser humano a acciones a las cuales yo también puedo obligarlo. Originariamente soy mi «propio señor» y un «ser humano sin tacha». Ningún ser humano nace criminal; ninguno tiene por nacimiento privilegios sobre otros seres humanos. La aristocracia debe ser bastante valiente para leer a Kant.

Moderno – premoderno – posmoderno

El derecho innato a la libertad tiene una función especial en el sistema de los derechos. Establece quién debe proporcionar la probanza frente a quién. Si surge una disputa sobre si he cometido un delito o atentado contra el derecho (adquirido) de otra persona, puedo remitirme a mi «derecho innato a la libertad». Esto significa que el otro (el demandante) debe probar que he atentado contra su derecho. Soy responsable de aquellas acciones que he cometido. Solo puedo ser castigado por las infracciones legales de las que me he podido dar cuenta. Si la ley se promulga en secreto, no es vinculante. En Kant, el derecho y la moral giran alrededor del concepto de una persona (de un individuo) que exige conocer las cosas que le afectan. Décadas más tarde, Hegel hablará del «principio del mundo moderno»: lo que «todos deben reconocer» se les tiene que mostrar «como algo justificado». Aun cuando Kant hable de la época de la crítica y de la Ilustración, y no de la modernidad, podemos denominar su principio de la justificación mutua el principio de la modernidad. Los principios premodernos son partidistas, favorecen a unos sobre los otros. Los principios posmodernos, por el contrario, no buscan ser normativos. Derrocan al sujeto racional, al que sustituye la narrativa de perspectivas cambiantes.

80

El estado burgués como precepto de la razón instrumental

Kant desarrolla su filosofía del derecho de forma independiente a sus reflexiones sobre la ético-teología. Su tema es el uso externo que el ser humano hace y debe hacer de su libre arbitrio. Lo que interesa en la filosofía del derecho son los seres humanos de carne y hueso. Ellos llegan a acuerdos unos con otros, obtienen propiedades, firman contratos, compiten por bienes escasos, aspiran a un reconocimiento y quieren ejercer el poder sobre otros. Puesto que la Tierra tiene una forma esférica, no pueden evitar encontrarse. La compañía con los otros es inevitable. Por eso es necesario determinar de un modo legal la libertad externa. Puesto que buscamos nuestra felicidad en la Tierra, debemos aprovechar todos los medios necesarios para ello. Esto es un imperativo hipotético que es válido para todos los seres humanos que disponen (como diríamos hoy) de una razón instrumental. Es un precepto de la inteligencia. Incluso un «pueblo de demonios» abandonaría, como Kant observa en un experimento del pensamiento, el estado natural (del lat. *status naturalis*) y entraría en el estado burgués (del lat. *status civilis*), cuyas leyes se imponen por la coacción, y se puede forzar su cumplimiento y sancionar su no cumplimiento. Sin ley y poder no hay, según Kant, libertad externa de acción. La libertad sin ley y poder es el caos, un estado en el que a ningún ente racional le puede interesar vivir.

El estado burgués como precepto de la razón pura práctica

Es un precepto de la inteligencia abandonar el estado natural. Pero es también un precepto de nuestra razón pura práctica. Así como el imperativo categórico nos ordena obrar solo de acuerdo con aquellas máximas que forman parte de una legislación universal, la razón pura nos insta a dirigirnos hacia «un estado legal», que Kant también llama «el estado de una «"justicia distributiva"». En el estado natural no hay ninguna justicia. En él nadie está obligado a «abstenerse de usurpar la propiedad del otro». «Nadie está obligado a abstenerse de usurpar la propiedad de otro si este, de un modo parejo, no le garantiza también que observará la misma continencia hacia él». Sin seguridad jurídica no hay justicia.

El derecho matrimonial

El matrimonio es «la unión de dos personas de distinto sexo para poseer mutuamente sus capacidades sexuales durante toda su vida». Si el hombre y la mujer quieren disfrutar mutuamente de sus capacidades sexuales, «*deben* necesariamente casarse, y esto es necesario según las leyes del derecho de la razón pura». ¿Por qué ordena la razón pura el matrimonio? Porque el «uso natural que un sexo hace de los órganos sexuales del otro» es un placer «para el que una parte se entrega a la otra. En este acto el ser humano se convierte a sí mismo en cosa, lo que está en contradicción con el derecho de la humanidad en su propia persona». ¿Prohíbe la razón pura el disfrute de las características sexuales de otra persona? De ningún modo. No obstante, solo es «posible con la única condición de que, siendo una persona adquirida por la otra como cosa, esta a su vez adquiera a aquella recíprocamente; pues así se gana de nuevo a sí misma y restablece de nuevo su personalidad». Esta condición es sancionada en el contrato matrimonial jurídica y públicamente. Es un contrato que se basa en la «igualdad de la posesión» de todo tipo. El hombre no tiene ningún privilegio. El matrimonio «de mano izquierda» practicado por la nobleza (también llamado matrimonio «morganático»), según el cual los hijos que proceden de un matrimonio no acorde con la posición social no tienen derecho a la herencia, no es «un verdadero matrimonio». Al rey prusiano Federico Guillermo II (1744-1797), casado desde 1769 con Federica Luisa de Hesse-Darmstadt (1751-1805), esto no debe de haberle gustado. Con el consentimiento de su esposa, en 1787 contrae matrimonio «de mano izquierda» con Julie von Voß (1766-1789) y en 1790 con la condesa Sophie von Dönhoff (1769-1834).

La comunidad matrimonial

A través del contrato matrimonial surge de la comunidad sexual natural una comunidad jurídica. Es firmado entre libres e iguales. Es cierto que la naturaleza ha infundido en el ser humano la inclinación por el otro sexo para que engendre hijos y los eduque. Pero su legitimidad presupone la persecución de este fin. Puede ser firmado aunque no exista el propósito de engendrar hijos. En última instancia, Kant no nos da un motivo para la duración de por vida del matrimonio y el rechazo del matrimonio homosexual. ¿Por qué el contrato no puede firmarse por un tiempo? ¿Quizá solo por dos o tres horas?

No hay derecho de resistencia

En la unión de los tres poderes (legislativo, ejecutivo y judicial), el «Estado *(civitas)* obtiene su autonomía»; en su unión reside la «gloria del Estado». Kant no es partidario de la democracia directa, como lo era Rousseau (monarquía, aristocracia y democracia son las tres posibles formas de Estado). En opinión de Kant, lo mejor es que la voluntad colectiva sea representada por una única persona, el monarca. Este debe llevar a cabo reformas «desde arriba» de acuerdo con el derecho racional. No hay un *derecho* formal de resistencia en Kant, que aquí sigue, en lo esencial, a Thomas Hobbes. «La razón por la que el pueblo debe soportar, a pesar de todo, un abuso del poder supremo, incluso un abuso considerado como intolerable, es que su resistencia a la legislación suprema ha de concebirse como contraria a la ley, incluso como destructora de la constitución legal en su totalidad». Si una constitución incluye el derecho del pueblo a resistirse, la legislación suprema no sería suprema. No se podría determinar en absoluto quién debería ser juez en una «disputa entre pueblo y soberano». La consecuencia: guerra civil.

Sin embargo no todo está permitido

El uso del poder gubernamental en el Estado, o es republicano o es despótico. Debe ser republicano, aunque con bastante frecuencia el gobernante considera la «voluntad pública» como su «voluntad privada». Entonces es un déspota. Su voluntad no representa la voluntad colectiva. Al menos el rey Federico II quería, según su propia pretensión, dice Kant, adoptar una «forma de gobierno conforme al espíritu de un sistema representativo». La esperanza de reformas de Kant y su rechazo de las revoluciones no debe entenderse, no obstante, como una carta blanca para los déspotas. En primer lugar, pueden perder su autoridad legal si provocan una situación en la que reine la «violencia sin libertad ni ley». La tiranía es una situación en la que los ciudadanos ya no tienen que obedecer al gobernante, porque es una situación de inobservancia general de las leyes (caos). En segundo lugar, las órdenes que contradigan directamente la ley moral (por ejemplo, el asesinato) pueden no cumplirse.

¡Revolución!

Si un gobernante le niega a sus súbditos los derechos humanos, si ejerce un mando cruel y emprende guerras sangrientas, la naturaleza se abre paso. Los seres humanos se vuelven descontentos, díscolos, oponen resistencia. ¡Revolución! La postura de Kant sobre el fenómeno de las revoluciones políticas es pluridimensional. Por una parte representan un fenómeno natural, como la erupción de un volcán o la rotura de un dique por una inundación. Por otra, tienen un aspecto moral. Las revoluciones son hechas por seres humanos que cuentan con un conocimiento de sus compromisos jurídico-morales. Son, consideradas en y por sí mismas, condenables. Socavan la autoridad del derecho. Provocan el retorno al estado natural, que la razón pura nos ordena abandonar. Pero una vez que una revolución se ha llevado a cabo y los seres humanos han logrado fundar un nuevo Gobierno, entonces este también es legítimo. Las contrarrevoluciones están prohibidas legalmente. Los intentos de las fuerzas de la coalición de restablecer el gobierno de Luis XVI en Francia son, según Kant, una injusticia.

¡Decapítalo!

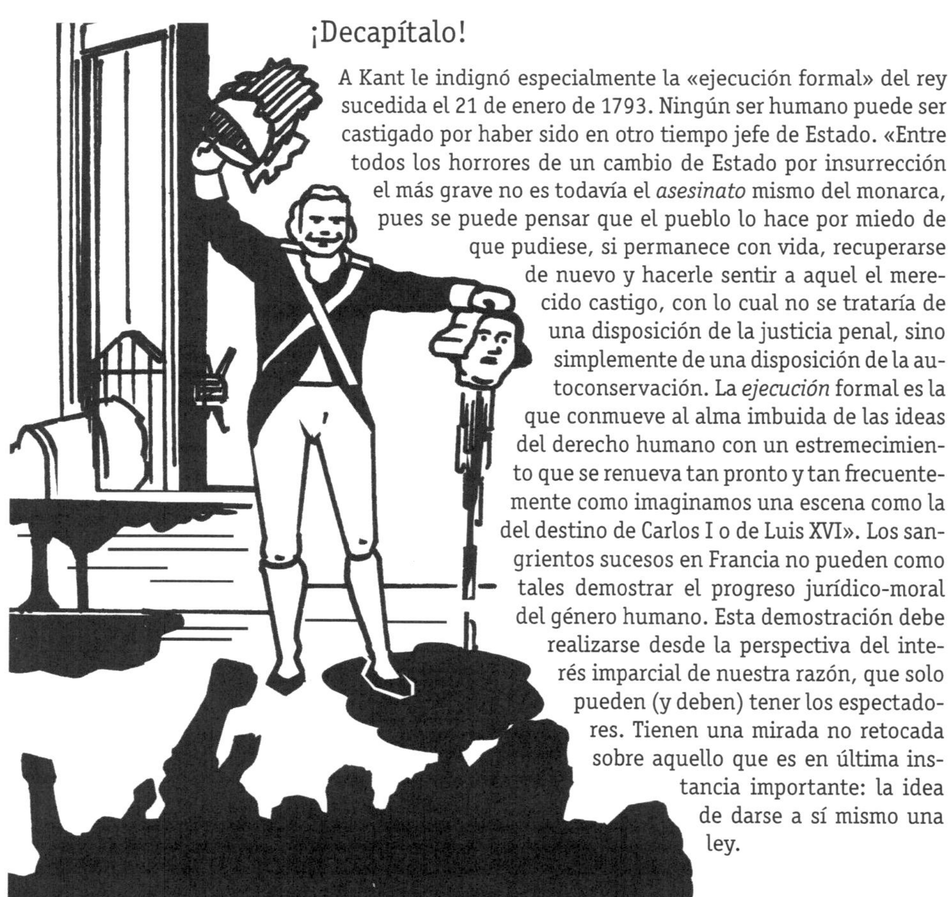

A Kant le indignó especialmente la «ejecución formal» del rey sucedida el 21 de enero de 1793. Ningún ser humano puede ser castigado por haber sido en otro tiempo jefe de Estado. «Entre todos los horrores de un cambio de Estado por insurrección el más grave no es todavía el *asesinato* mismo del monarca, pues se puede pensar que el pueblo lo hace por miedo de que pudiese, si permanece con vida, recuperarse de nuevo y hacerle sentir a aquel el merecido castigo, con lo cual no se trataría de una disposición de la justicia penal, sino simplemente de una disposición de la autoconservación. La *ejecución* formal es la que conmueve al alma imbuida de las ideas del derecho humano con un estremecimiento que se renueva tan pronto y tan frecuentemente como imaginamos una escena como la del destino de Carlos I o de Luis XVI». Los sangrientos sucesos en Francia no pueden como tales demostrar el progreso jurídico-moral del género humano. Esta demostración debe realizarse desde la perspectiva del interés imparcial de nuestra razón, que solo pueden (y deben) tener los espectadores. Tienen una mirada no retocada sobre aquello que es en última instancia importante: la idea de darse a sí mismo una ley.

¡Un viva por la filosofía!

En su proyecto de paz de 1795, Kant tampoco se olvida de la filosofía. El Estado debe tener un interés en oír el juicio de los filósofos, no corrompido por ningún poder político. Puesto que el Estado no puede reconocer esto públicamente, el irónico Kant propone un «artículo secreto»: «Las máximas de los filósofos sobre las condiciones de posibilidad de la paz pública deben ser tomadas en consideración por los Estados preparados para la guerra». Para Kant, el filósofo es el abogado natural del derecho racional y con ello del progreso del derecho, porque a diferencia del jurista, que solo tiene ante sus ojos la aplicación de las leyes, él reclama la mejora de las relaciones jurídicas en el sentido del derecho racional cosmopolita. Pero no deberían, como Kant comenta críticamente frente a Platón (427-347 a. C.), aspirar al cargo de rey: el poder corrompe el libre juicio.

La disputa de las facultades

Érase una vez un tiempo en el que una gran universidad tenía miles de estudiantes. Estaba organizada en cuatro facultades. La facultad inferior llevaba el nombre de Filosofía. Todos los estudiantes tenían que pasar por ella antes de poder asistir a una de las tres facultades superiores, la de Teología, la de Derecho y la de Medicina. En este tiempo, Kant se ocupa de la pregunta de qué relación mantiene la facultad inferior con las superiores. ¿Es, como pretende la famosa metáfora, la sirvienta de la Teología, que *va detrás de esta llevándole* «la cola del vestido»? ¿O va delante llevándole la «antorcha» de la razón? Lo presentimos: Kant vota por la segunda alternativa. Frente al Gobierno, reclama para la filosofía el derecho de poder examinar libremente todas las opiniones a la luz de la única legislación a la que la filosofía está sometida: la de la razón. La razón es la «facultad de juzgar de acuerdo con la autonomía, esto es, libremente (conforme a los principios del pensamiento)». Y frente a las tres facultades superiores, Kant subraya la utilidad de la filosofía para la propia búsqueda de la verdad de estas. Si el Gobierno prohíbe a los filósofos el libre juicio de la crítica actúa de un modo poco inteligente. Debe tener interés en que sus funcionarios no difundan enseñanzas insensatas y contrarias a la verdad.

La mentira en sentido moral

Como segunda parte de la *Metafísica de las costumbres,* en 1797 Kant publica la *Doctrina de la virtud.* En ella quería proporcionar la prueba de que la misma razón pura nos obliga a perseguir dos objetivos principales: la propia perfección y la felicidad ajena. Al mismo tiempo, Kant precisa numerosos aspectos de su filosofía moral, desarrollada en escritos anteriores. Así, distingue entre la dimensión ética y jurídica de la mentira. Desde el punto de vista ético, la mentira representa la «más grande violación del deber de los seres humanos hacia sí mismos». «Es evidente que en la ética, que no autoriza a algo por el hecho de que sea inofensivo, ninguna falsedad deliberada al expresar los propios pensamientos puede rehusar este duro nombre (que en la doctrina del derecho solo lleva cuando lesiona el derecho de otros). Porque la deshonra que la acompaña (ser objeto de desprecio moral) acompaña también al mentiroso como su sombra». Si faltamos a nuestro deber de ser sinceros, nos hacemos indignos a nuestros propios ojos. Pero no a todos los casos de vileza se les impone una sanción por parte del Estado.

¿Hay un derecho a mentir por amor a los seres humanos?

En un artículo de 1797, tan famoso como desacreditado, Kant niega esta pregunta. No puede haber derecho alguno a decirle una falsedad a otras personas, porque a través de este acto se anularía toda justicia. La mentira está en contradicción con la capacidad del ser humano de determinar su libertad a través de una legislación universal. Contradice el derecho innato a la libertad de todo ser humano. Esto no significa, sin embargo, que le deba dar al potencial asesino de mi amigo, de acuerdo con la verdad, información sobre su paradero. Puedo también guardar silencio. Si miento y el criminal puede llevar a cabo su repugnante delito solo a causa de mi mentira, me hago culpable en el doble sentido de la palabra. Tan fuera de lugar como puede sonar en un principio la provocadora tesis de Kant, mete el dedo en la llaga de la ética y el derecho: ¿A qué acciones estoy autorizado en situaciones morales extremas? ¿Justifica un buen fin cualquier medio? ¿Qué compromisos hay hacia una persona totalmente dispuesta a la violencia? ¿Soy responsable de las injusticias de los otros?

Conciencia

En el siglo XVIII el significado de la conciencia para la moral fue objeto de un controvertido debate. Según Christian August Crusius la conciencia representa un sentimiento de lo moralmente bueno y malo. Mediante este sentimiento reconocemos no solo «la ley de Dios y la virtud». Puesto que de él surge «una percepción natural de lo justo y lo injusto», favorece también un ejercicio del bien. Para Christian Wolff, en cambio, la conciencia se identifica con nuestro juicio (que se basa en principios de probabilidad) acerca de si nuestras acciones son buenas o malas. ¿Y Kant? Kant borra el concepto de la conciencia del ámbito de la filosofía moral y lo asocia con la psicología moral. La conciencia es un «tribunal moral» o la «percepción de un *tribunal interno* en el ser humano». Puesto que el fin objetivo del tribunal es verificar a través de un juez la culpa e inocencia individuales, Kant también identifica el tribunal con la persona del juez. El juez es nuestra razón. Nosotros nos juzgamos a nosotros mismos. Kant también habla del «juicio moral que se juzga a sí mismo».

El tribunal interno se reúne

Si nuestro tribunal interno se reúne, el ser humano se juzga a sí mismo. La misma razón lo obliga a llevar a cabo este «trabajo consigo mismo». En su papel de defensor, el ser humano intenta disculpar su delito refiriéndose a necesidades que se encuentran en su naturaleza sensible. Pero esta estrategia fracasa. Que la conciencia pida la palabra es una prueba infalible de que el mismo ser humano se atribuye el delito. «Si una acción es justa o injusta, sobre esto juzga el entendimiento, no la conciencia. Tampoco es absolutamente necesario saber de todas las posibles acciones si son justas o injustas. Pero de aquella que voy a llevar a cabo no solo tengo que juzgar y opinar, sino también estar *seguro* de que no es injusta, y esta exigencia es un postulado de la conciencia, a la que se opone el *probabilismo,* esto es, el principio de que la simple opinión de que una acción puede ser justa ya es suficiente para realizarla». La conciencia es fiable, no se equivoca. La legislación de la razón pura es concluyente.

El ser humano tiene que ser sensible

El ser humano está provisto de entendimiento y razón. Debe obrar de acuerdo con conceptos que tienen su origen en la razón pura. ¿Pero de qué sirven los conceptos si en la teoría son buenos y maravillosos pero en la práctica son inadecuados? El ser humano también es un ser que siente. Y si los conceptos no tienen relación alguna con nuestros sentimientos, no desarrollan ningún efecto práctico. «El ser humano tiene que ser sensible», exige Kant en uno de sus cursos. Lo sensible es lo opuesto a lo basto. Si el ser humano no fuese sensible, no se interesaría por la suerte y la desgracia de los otros seres humanos. Su sufrimiento le sería indiferente. La sensibilidad no se puede confundir con la sensiblería: la primera presupone, a diferencia de la segunda, principios, reflexión y una determinación de la voluntad. «Sensible es aquel que contra su voluntad es arrastrado a sentimientos; sensible es aquel que sabe diferenciar bien lo que provoca sentimientos, y que se abandona a ellos y puede interrumpirlos de nuevo cuando quiere». La «sensibilidad (a la que falsamente se llama sensiblería)» cultivada en las novelas de la época, es para Kant un verdadero espanto. ¡Y está bien así!

Ir a las casas de caridad, convertirse en mejor persona

Estamos obligados al amor activo al prójimo. Puesto que los sentimientos naturales de la compasión y alegrarse con los otros son requisitos subjetivos para cumplir nuestro deber, tenemos el deber indirecto de cultivar estos sentimientos. ¿Cómo lo hacemos? Ciertamente, no por medio del estudio de los clásicos griegos y latinos. Tenemos que abrir otro camino: «Así, es un deber no sortear los lugares en los que hay pobres a los que les falta lo más necesario, sino visitarlos, no rehuir las enfermerías o las prisiones o similares para evitar la compasión de la que uno no se puede defender, puesto que este es uno de los impulsos puestos en nosotros por la naturaleza: hacer aquello que la idea del deber no lograría por sí sola». Aquí es válida la conclusión inversa: mantente alejado de todo aquello que embrutece tu carácter.

Las virtudes habituales, los vicios y castigos comunes

Anda que no habrán discutido los filósofos sobre si el ser humano solo se mueve por el interés o también está dispuesto a realizar acciones que sirven exclusivamente al bienestar del otro. Algunos también creen que el ser humano es capaz de acciones que son desinteresadamente malvadas. En este caso, un ser humano quiere dañar a otro, aunque de esto no saque provecho en absoluto. Tan lejos no quiere llegar Kant. Con toda su perversidad, el ser humano no está, sin embargo, corrompido por completo. Todo ser humano lleva en sí un germen de humanidad. Si no fuese así, si el ser humano pudiese perder su dignidad por su propio obrar, se romperían todos los diques. El criminal podría ser tratado como una cosa. Que el grado de la pena debe corresponderse con el delito es una opinión por la que Kant se diferencia, por ejemplo, de Christian Wolff, que contempla la pena desde el punto de vista del beneficio social. Su grado y el modo de su ejecución debe disuadir a otros seres humanos «de infamias y fechorías semejantes». El resultado positivo también autoriza los castigos drásticos. A quien «deja de lado» su razón no se le debe, según Wolff, respetar «más que como a una bestia y, especialmente, igual que a un perro rabioso, que no sirve para nada más que para matarlo a golpes y echarlo en el desolladero como alimento para los cuervos y para otras aves rapaces». La primera Ilustración se muestra por su lado oscuro.

Sobre el trato con personas llenas de vicios

El odio, adversario del amor, es como una pasión. El odio es expresión de un conflicto entre nuestros fines y está profundamente enraizado en la naturaleza humana. Si sufrimos una injusticia, sobreviene un «ansia de venganza». Si odiamos a una persona llena de vicios que a nosotros mismos no nos ha hecho nada, perdemos el buen humor, que es, por su parte, requisito de una vida conforme a la moral. «Las personas llenas de vicios son, por supuesto, objeto de aborrecimiento, pero el aborrecimiento puede, por una parte, suscitar más desprecio que odio, y, por otra, más odio que desprecio. Puede que algo sea objeto de odio, ¿pero por qué nos debemos llenar de odio contra los otros? Mi ánimo no está nunca en una disposición amable cuando puedo odiar a otros. Detestaremos, por tanto, el mal de un modo tal que este se encuentre más relacionado con el desprecio, y ahí nos podremos abandonar al buen humor». El odio entre los seres humanos puede domarse si queremos. ¡Pongámonos manos a la obra!

Ser caritativo sin humillar

No podemos ser indiferentes hacia ningún ser humano. Tenemos el «deber de la benevolencia mutua según el principio de la igualdad». Como ente de razón puro, no puedo querer que a un ser humano —aunque sea a mi persona— se le favorezca frente a otros seres humanos. Kant habla también del «deber del libre respeto hacia los otros». Central en sus reflexiones sobre un deber universal de amar es que el otro no puede ser «humillado» por nuestra generosidad. Es nuestro «deber evitarle al destinatario una humillación mediante una conducta que presente esta caridad como mera obligación o pequeño favor, y hacer que mantenga el respeto por sí mismo». El «acto de caridad» se realizará, preferiblemente, «en absoluto secreto». Se trata de una virtud, no de un deber legal. No se nos puede obligar legalmente a ser caritativos. Sobre la extensión de la beneficencia pública, el Estado puede decidir libremente. No obstante, Kant también habla en la *Doctrina de la virtud* de la «injusticia del Gobierno». El Gobierno ha hecho necesaria la caridad a causa de la «desigualdad del bienestar» que él ha instaurado. «¿Bajo semejantes circunstancias merece el nombre de "caridad" la asistencia que el rico pueda prestar a las personas necesitadas, del que a uno le gusta vanagloriarse como un mérito?». Probablemente no, responde tranquilo el lector sensible.

Sé misericordioso y muéstralo

Si no se puede contar con la caridad voluntaria, Kant también apoya el medio suave de la vergüenza pública. Parece que, en 1790, se realizó una recaudación entre los miembros de la Albertina para ayudar a ciudadanos de Königsberg necesitados. Para lograr el resultado deseado, Kant propone no pasar un «bote cerrado». Más bien debía redactarse una nota circular en la que cada uno apuntase su nombre y el importe de su donativo. Este proceder también tenía, según Kant, el efecto positivo de que se puede despedir «con buena conciencia a mendigos desconocidos en las calles» y de las puertas de la universidad.

¿Letra o espíritu?

Casi ningún filósofo ha podido sustraerse a la fuerte atracción de la filosofía kantiana. Sus efectos se extienden más allá de la disciplina de la filosofía. Incluso determina los debates actuales, ya sea como modelo positivo, como expresión de un cambio de época o como ejemplo disuasorio de un pensamiento que debemos mantener a distancia como la peste o el cólera. Veamos dos ejemplos. Mientras que Hegel constata que Kant, aun indicando los «momentos del todo», en verdad no llegó a su «forma absoluta», Martin Heidegger (1889-1976) critica que Kant no pudiese «entrar en una importante región» del pensamiento, «puesto que la historicidad de la razón hubo de quedar oculta para él». Está bien saber que Heidegger sí pudo tener acceso. ¿Qué tiene que contar? Entre otras cosas esto: «¿Qué es un compromiso? ¿Acaso por encima de todo deber de este tipo no sigue imperando el callado acontecer del acontecimiento, cuyo dictado reposa y, reposando hasta el momento de emitirse, va creciendo en el tesauro del lenguaje? Una vez que el ser ha caído en olvido, ¿acaso no sucede entonces que todo "deber" ya solo consiste en la desventura de dedicarse a organizar la "educación" y a impostar una farsa de "cultura"? ¿Cómo habríamos de "educar", en el sentido etimológico de "sacar afuera" o "hacer dar de sí", si no somos nosotros mismos los arrastrados en virtud de aquella referencia con la que el ser nos cautiva a nosotros mismos y nos hace comenzar? ¿De dónde obtendrá la educación su fuerza de arrastre sin el empuje, sin la atracción del ser?». La crítica a la razón que Heidegger realiza va de la mano de su tesis del «olvido del ser», fomentado por la ciencia, la moral y la cultura de la filosofía moderna. «El filosofar es el desatino del querer saber». La búsqueda de justificaciones cierra nuestros oídos a la voz del «ser». Debemos esperar, serenos, la llegada del Dios que viene. Si hay un contraproyecto radical a Kant, este se encuentra en Heidegger.

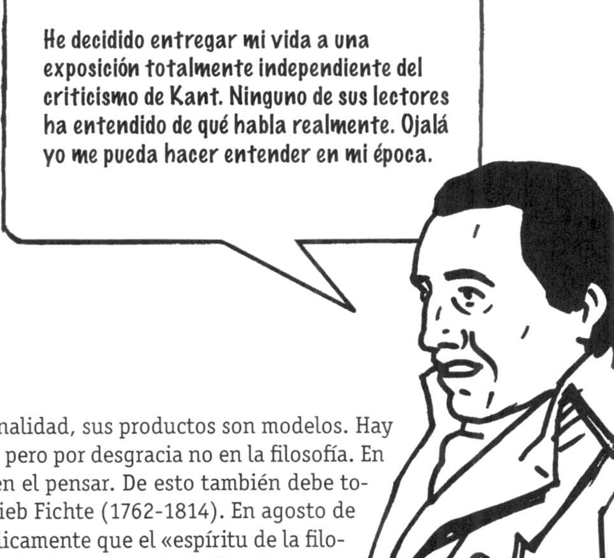

¡Letra y espíritu!

El genio requiere originalidad, sus productos son modelos. Hay genios en el arte bello, pero por desgracia no en la filosofía. En ella se pide precisión en el pensar. De esto también debe tomar nota Johann Gottlieb Fichte (1762-1814). En agosto de 1799 Kant declara públicamente que el «espíritu de la filosofía de Fichte» no es criticismo, y que la *Crítica* «hay que entenderla de un modo literal». Así son nuestros filósofos. Cuando se trata de la interpretación de sus propios escritos insisten en la letra. Pero sobre la letra de los colegas les gusta dejar volar su espíritu.

La teoría del discurso

El filósofo y sociólogo Jürgen Habermas (nacido en 1929; véase arriba a la izquierda) propone una revisión teórica del discurso de la razón pura práctica y del imperativo categórico. Habermas no busca la salvación en la antigüedad griega, y tampoco quiere adherirse a los obituarios posmodernos de la posibilidad de una comunicación racional. Muy al contrario, está convencido, recurriendo y remitiéndose a Kant, de que la modernidad es un proyecto inacabado. El concepto de razón de Kant, no obstante, debe ser reemplazado, en las condiciones de un pensamiento posmetafísico, por la idea del uso de la razón público e intersubjetivo. Solo pueden reclamar validez aquellas normas que puedan justificarse, en el marco de un discurso no jerárquico, ante todas las personas afectadas por el discurso. Habermas rechaza el pensamiento de un fundamento último de normas. Si las formas de vida practicadas se empiezan a desmoronar y son cuestionadas, surge un vacío de legitimidad que puede cerrarse a través de la aplicación del principio del discurso a la totalidad del ámbito de acción del ser humano (moral, ética, política, derecho). La validez de las normas puede ser revocada tan pronto como cambien las circunstancias en las que se alcanzó, originariamente, el acuerdo entre los participantes en el discurso.

Virtud en lugar de deber

En 1958, la filósofa británica Elizabeth Anscombe (1919-2001, véase arriba a la derecha) publica una dura crítica a la ética de los deberes de Kant. Esta crítica ha ejercido hasta el día de hoy una gran influencia. En su opinión, el concepto de obligación al que Kant recurre tiene su origen en la tradición legislativa cristiana y sigue siendo incomprensible fuera de esta tradición. Los filósofos morales hablan de «deber», «compromiso», «moralmente correcto o incorrecto» sin cerrar la brecha que se abre cuando se abandona la creencia en un Dios legislador. Rechaza la idea de autolegislación de Kant por «absurda», y aboga por abandonar sus expresiones morales y abstractas. Debemos guiarnos, más bien, por la terminología de la ética de la virtud. Según esta, una acción no es «correcta» o «incorrecta», sino «justa» o «injusta». ¿La crítica de Anscombe hace justicia a la letra y al espíritu de la ética de Kant? Juzguen ustedes mismos.

El ejército del deber

Desde una perspectiva cercana a la ética de la virtud de Aristóteles, el filósofo británico-estadounidense John McDowell (nacido en 1942) también critica a Kant. Le reprocha que no pueda explicar por qué hemos de cumplir nuestros deberes. La razón pura no nos motiva, porque no es parte de nuestro estado motivacional subjetivo. Para aclarar su parecer, McDowell dibuja la imagen «de un ejército del deber». ¿Por qué deberíamos servir en él? Porque los objetivos de este ejército «no por una mera casualidad tienen una gran importancia» para nosotros. Los filósofos de la Edad Moderna están obsesionados con cuestiones relacionadas con la justificación y las causas, y no ven que la misma razón tenga que adquirirse. Debe convertirse en nuestra «segunda naturaleza». La «segunda naturaleza» nos abre «los ojos a las verdaderas causas de la acción» y prepara el terreno «para argumentos de fondo» que no podemos rechazar. Según McDowell, Kant intentó adoptar con la razón pura, en cambio, una perspectiva externa frente a nuestro estado motivacional subjetivo. Precisamente porque, dice McDowell, Kant entiende la razón como una voz externa, no es capaz de explicar por qué deberíamos hacerle caso. ¿Es el «ejército del deber» de Kant un ejército de fantasmas, puesto que no tiene soldados que se le unan voluntariamente? ¿O es un ejército del pueblo en el que los seres humanos prestan sus servicios porque ellos mismos como seres racionales puros así lo quieren?

La dimensión intersubjetiva de la razón

El concepto de la razón de Kant se basa en una idea profundamente humana, una idea igualitaria y cosmopolita. Como ente de razón, queremos convencer a otros seres humanos con razones y ser convencidos por medio de razones. No queremos engañar y ser engañados. No queremos obligar y ser obligados. Queremos obrar con conocimiento de causa. Kant nos quiere informar en el marco de su crítica de la razón de los motivos que nos armonizan con nosotros mismos. El objetivo del pensamiento consiste en la satisfacción con uno mismo mediante la comprensión de nuestra capacidad de conocimiento y, a la vez, el carácter cosmológico de la razón. En una nota de los años sesenta del siglo XVIII Kant formula con claridad su preocupación filosófica: «No puedo convencer a otro más que a través de sus propias ideas. Tengo que presuponer que el otro tiene un entendimiento bueno y adecuado; de lo contrario, es inútil confiar en que podrá ser ganado por mis argumentos». Debemos confiar en la razón del ser humano. Es la única alternativa.

Al final...

¿Dónde está la importancia atemporal de Kant? En su método, en que cambió la manera en la que reflexionamos sobre nosotros mismos, sobre el mundo, sobre Dios y la inmortalidad, la naturaleza y la libertad, la moral y el derecho, la guerra y la paz. El sentimiento y la razón, la Ilustración y la ciencia. La filosofía de Kant es una filosofía del ser humano para el ser humano. «No hay investigación mayor y más importante para el ser humano que el conocimiento del ser humano... Todo es interesante para mí en tanto en cuanto tiene una relación conmigo. En todas partes donde pueda estar ese nuestro yo buscamos hacerlo valer. Pero, puesto que otros tienen esa misma intención, no siempre puede suceder». Kant apeló a nuestra razón, pero él también se daba cuenta de que no crece en los árboles. Debe cultivarse y depende de circunstancias afortunadas entre las que se pueda desarrollar en sus diferentes formas de expresión, en la moral y el derecho, en la ciencia y la política.

Nuestro viaje conjunto por el «sendero lleno de zarzas» de la crítica llega ahora a su fin. Quizá lo más importante no haya sido dicho. ¡Descúbranlo! Prosigan el viaje por su propia cuenta. Merece la pena, incluso cuando a la izquierda y a la derecha del sendero vayan a ver y a escuchar alguna cosa que no les guste. También Kant tenía sus prejuicios, era distraído y partidista. No dejen que les irriten los criticones y escépticos, los magos y videntes que se les crucen por el camino, que los quieran atraer con elocuencia poderosa e ingenio al laberinto de la irracionalidad. Sean valerosos y optimistas. La historia de la filosofía es una ciencia observadora. Observa el juego del gato con el ratón. El gato es el tiempo; el ratón la idea. Generalmente gana el gato, pero de vez en cuando lo hace el ratón.

Glosario

Apercepción, empírica y trascendental
La apercepción empírica es la conciencia de sí mismo del ser humano. La apercepción trascendental es el «punto más elevado» de la filosofía trascendental. Sin ella no podría entenderse la necesaria unidad de la experiencia.

A posteriori
Se basa en la experiencia o supone la experiencia. Los juicios empíricos son juicios sintéticos *a posteriori*.

A priori
Independiente de y válido ante toda experiencia.

Autonomía – heteronomía
La autonomía (autolegislación) es el principio de la moral. Si obramos con respeto a la ley moral obramos de un modo autónomo. Si nos dejamos determinar por nuestras inclinaciones obramos de un modo heterónomo (impuesto). En este caso nos dejamos determinar por las leyes de la naturaleza.

Idealismo trascendental
Siempre conocemos los objetos de nuestra experiencia como fenómeno, pero nunca tal y como pueden estar configurados en sí mismos. El tiempo y el espacio son las formas puras de nuestra intuición (sentido externo e interno); las categorías son las formas del pensamiento.

Crítica
La crítica investiga la «facultad de la razón teniendo en cuenta todos los conocimientos a los que puede aspirar con independencia de toda experiencia». La *Crítica de la razón pura* es un «tratado del método». Se ocupa principalmente de la razón especulativa, la *Crítica de la razón práctica* de la razón práctica y la *Crítica del juicio* del juicio reflexionante». Kant también emplea la palabra como denominación de una época: «la era de la crítica».

Deber
Es una acción moralmente conveniente. Hay deberes hacia uno mismo y hacia los otros, deberes perfectos e imperfectos.

Derecho
Es el conjunto de las condiciones bajo las cuales la felicidad externa de uno concuerda con la libertad externa de otro. Se divide en el derecho innato a la libertad (mí y tú interno) y el derecho adquirido (mí y tú externo). El mí y el tú externos comprenden el derecho privado (derecho natural) y el derecho público (derecho político, derecho de gentes y derecho cosmopolita).

Filosofía
La filosofía es un conocimiento racional procedente de conceptos puros (filosofía pura) o de principios empíricos (filosofía empírica). La filosofía pura, o es crítica (propedéutica) o es metafísica (sistema de todos los conocimientos filosóficos procedentes de la razón pura). No podemos aprender filosofía; «como mucho solo *aprender a filosofar*».

Filosofía trascendental

Se ocupa de las condiciones que hacen posible los conocimientos necesarios *a priori*. Es el sistema de conceptos y fundamentos trascendentales, así como una parte de la metafísica.

Fin en sí mismo

El ser humano como persona existe como fin en sí mismo. Todos los fines que resultan de nuestra naturaleza sensible le están subordinados.

Fin y funcionalidad

Los seres racionales obran de acuerdo con la representación de fines. Una acción es funcional cuando por medio de ella se produce el fin previsto. El juicio reflexionante puede juzgar formas de la naturaleza como funcionales sin referirse a un fin (funcionalidad sin fin). Debemos representarnos la naturaleza como si persiguiese fines.

Ideas trascendentales

Las tres ideas de la razón pura son Dios, la libertad y la inmortalidad del alma. Aunque su realidad objetiva no puede demostrarse con los medios de la razón especulativa, su realidad práctica es postulada a través de la razón pura.

Ilustración

Alude al mismo tiempo al proceso de superación de nuestra minoría de edad y al objetivo de la mayoría de edad. Se emplea también como denominación de una época.

Imperativo categórico

El imperativo categórico me exige examinar las máximas de mi querer para establecer si pueden ser calificadas como un principio de una legislación universal (imaginada). El imperativo categórico es un principio moral que determina el uso de nuestra libertad. Designa el límite moral o el marco de nuestro uso instrumental de la razón.

Imperativo hipotético

Los imperativos hipotéticos son asertóricos (consejos de la prudencia) o problemáticos (reglas de la habilidad). Son proposiciones prácticas analíticas: si quiero un fin determinado tengo que echar mano del medio adecuado para su activación. La necesidad práctica de efectuar una acción determinada existe solo con la condición de que yo quiera el fin. Los imperativos categóricos designan el ámbito de la razón instrumental o estratégica.

Juicio

En un juicio (proposición) se expresa una relación entre un sujeto y un predicado. Los juicios analíticos son *a priori;* los juicios sintéticos son verdaderos *a priori* o *a posteriori*. Los juicios sintéticos amplían nuestro conocimiento.

Ley moral

La razón pura otorga la ley. La ley es una regla (máxima) que es válida necesariamente. Un ente de razón puro obra solo de acuerdo a leyes. El ser humano debe obrar de acuerdo a reglas que alcancen la calificación de ley.

Libertad, trascendental y práctica

La libertad trascendental es la facultad de un sujeto de iniciar un estado por sí mismo. Kant emplea también los conceptos de la espontaneidad y de la actividad propia. Las personas disponen de una libertad práctica porque se pueden determinar a sí mismas a través de la representación de principios para el obrar.

Metafísica

La metafísica como ciencia es la doctrina de los juicios sintéticos *a priori* en los ámbitos de nuestro conocimiento natural (metafísica de la naturaleza) y de nuestra voluntad libre (metafísica de las costumbres). Presupone una completa crítica a nuestra facultad de conocimiento.

Moral

Conjunto de condiciones en las cuales las personas pueden o deben hacer uso de su libre arbitrio sin atentar contra el estatus de las personas como fines en sí mismos. En un sentido amplio de la palabra, la moral comprende la doctrina del derecho y la doctrina de la virtud.

Obligación

La obligación (del lat. *obligatio*) designa la coacción, que parte de la ley moral, de nuestra voluntad para obrar con respeto hacia la ley moral.

Religión

Solo hay una religión verdadera, pero muchos tipos de fe. «La religión es (contemplada de un modo subjetivo) el conocimiento de todos nuestros deberes como mandamientos divinos». La religión natural coincide con la moral y es, en este sentido, un concepto de la razón pura práctica.

Virtud

Es «la facultad y la intención meditada» de resistir valerosamente al enemigo interno de nuestra convicción moral. El concepto kantiano de virtud está próximo a la filosofía antigua de la Estoa (no a la de Aristóteles).

A. Bibliografía

1. Literatura primaria

En alemán:

Kant, Immanuel (1900 *ss.*), *Gesammelte Schriften*, ed. por la Preusische Akademie der Wissenschaften (*et al.*), Berlín, Boston. El volumen 25 contiene las notas estudiantiles de los cursos de Kant sobre antropología, de las que se han sacado numerosas citas. Los textos de Kant también están disponibles en muchas ediciones modernas (con o sin introducciones y comentarios) en diferentes editoriales (por ejemplo, Felix Meiner, de Hamburgo, Philipp Reclam, de Stuttgart, y Suhrkamp, de Berlín).

En castellano:

—, *Antropología en sentido pragmático* (edición bilingüe), México, Fondo de Cultura Económica/ Universidad Autónoma Metropolitana/Universidad Nacional Autónoma de México, 2014.

—, *Lecciones de ética*, Barcelona, Austral, 2013.

—, *Sobre la paz perpetua*, Madrid, Alianza, 2012.

—, *Crítica de la razón pura*, México, Fondo de Cultura Económica/Universidad Autónoma Metropolitana/Universidad Nacional Autónoma de México, 2009.

—, *Crítica de la razón práctica*, México, Fondo de Cultura Económica/Universidad Autónoma Metropolitana/Universidad Nacional Autónoma de México, 2005.

—, *Fundamentación de la metafísica de las costumbres*, Madrid, Tecnos, 2005.

—, *La metafísica de las costumbres*, Madrid, Tecnos, 1999.

—, *Prolegómenos a toda metafísica futura que haya de poder presentarse como ciencia*, Madrid, Istmo, 1999.

—, *La Religión dentro de los límites de la sola razón*, Barcelona, PPU, 1989.

—, *Cómo orientarse en el pensamiento*, Buenos Aires, Leviatán, 1982.

—, *Crítica del juicio*, Madrid, Espasa-Calpe, 1977.

—, *Lo bello y lo sublime. La paz perpetua*, Buenos Aires, Espasa-Calpe, 1946.

2. Bibliografía secundaria

Sobre la biografía:

Groß, Felix (ed.), *Immanuel Kant. Sein Leben in Darstellungen von Zeitgenossen*, Berlín, 1912.

Klemme, Heiner F. (ed.), *Die Schule Immanuel Kants. Mit dem Text von Christian Schiffert über das Königsberger Collegium Fridericianum*, Hamburgo, Meiner, 1994.

Kuehn, Manfred, *Kant. Una biografía*, Madrid, Acento, 2004.

Malter, Rudolf (ed.), *Immanuel Kant in Rede und Gespräch*, Hamburgo, Meiner, 1990.

Schultz, Uwe, *Kant*, Barcelona, Labor, 1971.

Introducciones:

Höffe, Otfried, *Immanuel Kant*, Barcelona, Herder, 1986.

Klemme, Heiner F., *Immanuel Kant*, Frankfurt/Nueva York, Campus Verlag, 2004.

Schnädelbach, Herbert, *Kant*, Stuttgart, Reclam, 2011.

Bibliografía relacionada:

Brandt, Reinhard, *Die Bestimmung des Menschen bei Kant*, Hamburgo, Meiner, 2007.

—, *Immanuel Kant – Was bleibt?*, Hamburgo, Meiner, 2007.

Fischer, Norbert (ed.), *Kants Metaphysik und Religionsphilosophie*, Hamburgo, Meiner, 2004.

Geismann, Georg/Oberer, Hariolf (ed.), *Kant und das Recht der Lüge*, Wurzburgo, Königshausen, 1986.

Hinske, Norbert (ed.), *Was ist Aufklärung? Beiträge aus der Berlinischen Monatsschrift*, Darmstadt, Wbg Academic, 1990.

Höffe, Otfried, *Kants Kritik der reinen Vernunft. Die Grundlegung der modernen Philosophie*, Múnich, C. H. Beck, 2003.

—, *Kants Kritik der praktischen Vernunft. Eine Philosophie der Freiheit*, Múnich, C. H. Beck, 2012.

Holzhey, Helmut/Mudroch, Vilem (ed.), *Die Philosophie des 18. Jahrhunderts. Band 5. Heiliges Römisches Reich Deutscher Nation* (= Grundriss der Geschichte der Philosophie), Basilea, Schwabe, 2014.

Irrlitz, Gerd, *Kant – Handbuch. Leben und Werk*, Stuttgart, Metzler, 2002.

Klemme, Heiner F./Kühn, Manfred/Schönecker, Dieter (ed.), *Moralische Motivation. Kant und die Alternativen*, Hamburgo, Meiner Felix, 2006.

Klemme, Heiner F. (ed.), *Kant und die Zukunft der europäischen Aufklärung*, Berlín/Nueva York, De Gruyter, 2009.

Martínez Marzoa, Felipe, *Releer a Kant*, Barcelona, Anthropos, 1989.

Röd, Wolfgang, *Der Gott der reinen Vernunft. Die Auseinandersetzung um den ontologischen Gottesbeweis von Anselm bis Hegel*, Múnich, C. H. Beck, 1992.

Steigleder, Klaus, *Kants Moralphilosphie. Die Selbstbezüglichkeit reiner praktischer Vernunft*, Stuttgart, Weimar, J. B. Metzler, 2002.

Teruel, Pedro Jesús, *Mente, cerebro y antropología en Kant*, Madrid, Tecnos, 2008.

Tetens, Holm, *Kants «Kritik der reinen Vernunft». Ein systematischer Kommentar*, Stuttgart, Reclam, 2006.

Obras de consulta

Klemme, Heiner F./Kuehn, Manfred (ed.), *The Bloomsbury Dictionary of Eighteenth Century German Philosophers*, Londres, 2016.

Willaschek, Marcus *(et. al.)* (ed.), Kant-Lexikon, vol. 1-3, Berlín, Boston, 2015.

Revistas

Kant-Studien, ed. por M. Baum, B. Dörflinger y H. F. Klemme, Berlín, Boston.

Kantian-Review, ed. por H. Williams, G. Brid y R. Aquila, Cambridge.

B. Direcciones de Internet

Kant-Gesellschaft e.V.

   http://www.kant-gesellschaft.de/

Sociedad de Estudios Kantianos en Lengua Española

   http://www.sekle.org

Foro sobre Immanuel Kant en la Universidad Martín Lutero de Halle-Wittenberg

   https://www.phil.uni-halle.de/immanuel-kant-forum__ikf_/

IMMANUEL KANT

El autor

El profesor Heiner F. Klemme nació en 1962 en Ahnsen
(Bad Eilsen, Alemania). Estudió Filosofía, Ciencias
de las Religiones y Sinología en Marburgo, Edin-
burgo y Bonn. Se doctoró en 1995 en Marburgo,
y se habilitó en el año 2003 en Magdeburgo. Es
desde 2014, después de ocupar cátedras en las
universidades de Wuppertal y Maguncia, catedrático de Filosofía en la Universidad Martín Lutero de Halle-Wittenberg, donde también dirige
el foro Immanuel Kant, fundado por él. Además,
ha sido profesor visitante en Brasil y China, y ha
pronunciado más de 200 conferencias en diferentes
países. Es autor y editor de numerosos libros y artículos, especialmente sobre la filosofía de
Kant, la filosofía de la Ilustración y la
filosofía práctica.

Para más información véase:
http://www.phil.uni-halle.de/lehren-
de/prof._dr._heiner_f._klemme/

El dibujante

Ansgar Lorenz nació en 1979 en Hannover (Alemania).
En el año 2008 se diplomó en la Universidad Técnica de
Münster con «Historia del movimiento obrero» (publicada
en la editorial Fink en 2009) Desde 2014 vive y trabaja
como ilustrador *freelance* en Mannheim.

Ilustra la serie «Filosofía ilustrada», en la que
se han publicado introducciones a Theodor W.
Adorno, Karl Marx, Michel Foucault, Friedrich
Nietzsche, Martin Heidegger, Niklas Luh-
mann y Pierre Bourdieu, entre otros..

Para más información véase:
https://www.fink.de/katalog/reihe/phi-
losophie_fuer_einsteiger.html y
https://dasauge.de/-ansgar-lorenz/